KB236154

혼자서도 연주하기 쉬운

스튜디오 지브리

첼로 연주곡집

신여훈 저

태림스코어

차 례

차　례

생명의 기억

NIKAIDO KAZUMI, JASRAC 작곡

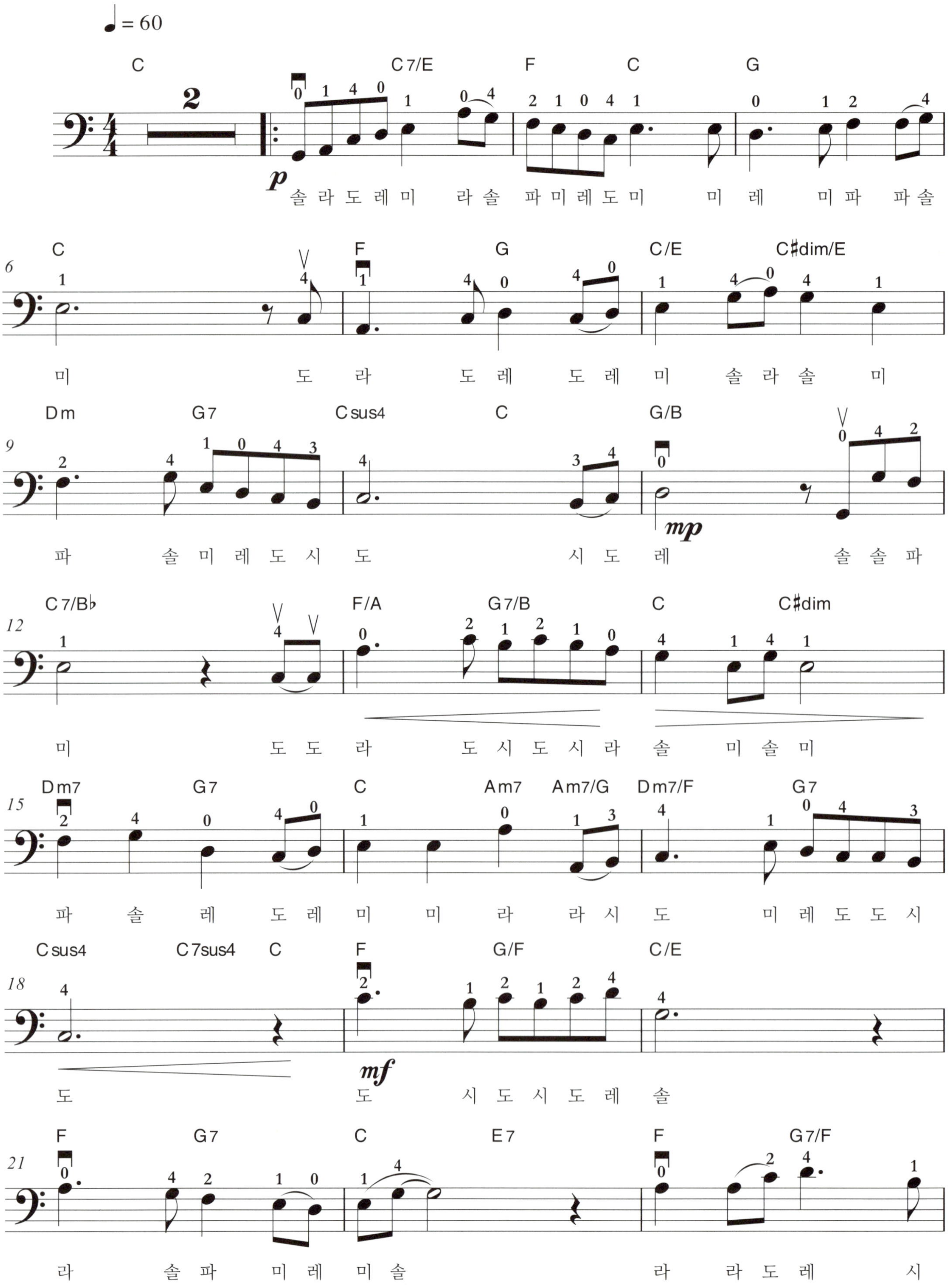

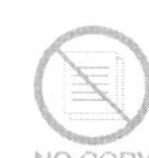

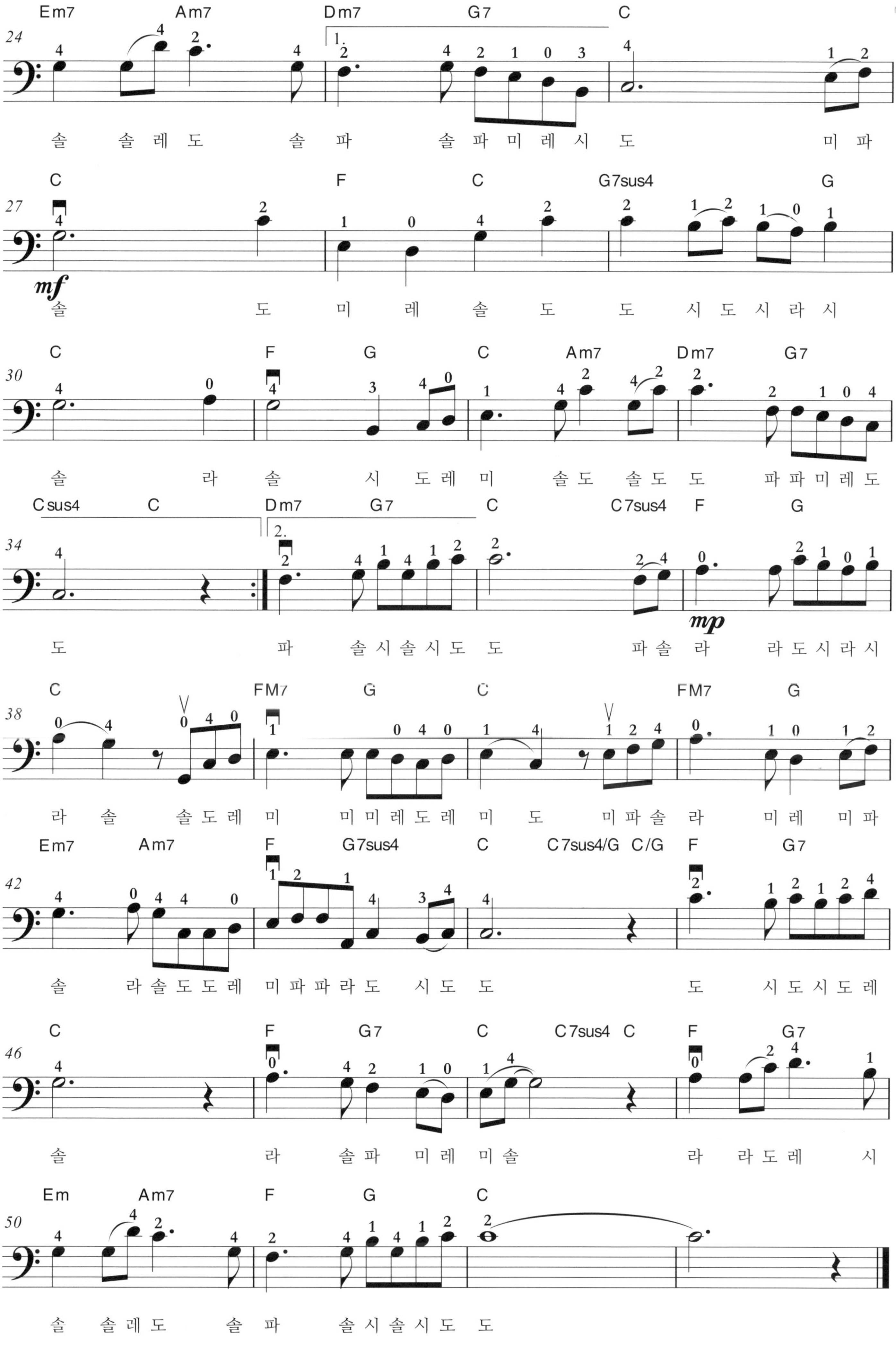
Em7 Am7 Dm7 G7 C
24
1.
솔 솔 레 도 솔 파 솔 파 미 레 시 도 미 파
C F C G7sus4 G
27
mf
솔 도 미 레 솔 도 도 시 도 시 라 시
C F G C Am7 Dm7 G7
30
솔 라 솔 시 도 레 미 솔 도 솔 도 도 파 파 미 레 도
Csus4 C Dm7 G7 C C7sus4 F G
34
2.
mp
도 파 솔 시 솔 시 도 도 파 솔 라 라 도 시 라 시
C FM7 G C FM7 G
38
라 솔 솔 도 레 미 미 미 레 도 레 미 도 미 파 솔 라 미 레 미 파
Em7 Am7 F G7sus4 C C7sus4/G C/G F G7
42
솔 라 솔 도 도 레 미 파 파 라 도 시 도 도 도 시 도 시 도 레
C F G7 C C7sus4 C F G7
46
솔 라 솔 파 미 레 미 솔 라 라 도 레 시
Em Am7 F G C
50
솔 솔 레 도 솔 파 솔 시 솔 시 도 도

시간의 노래

HOGARI HISAAKI, ARAI AKINO 작곡

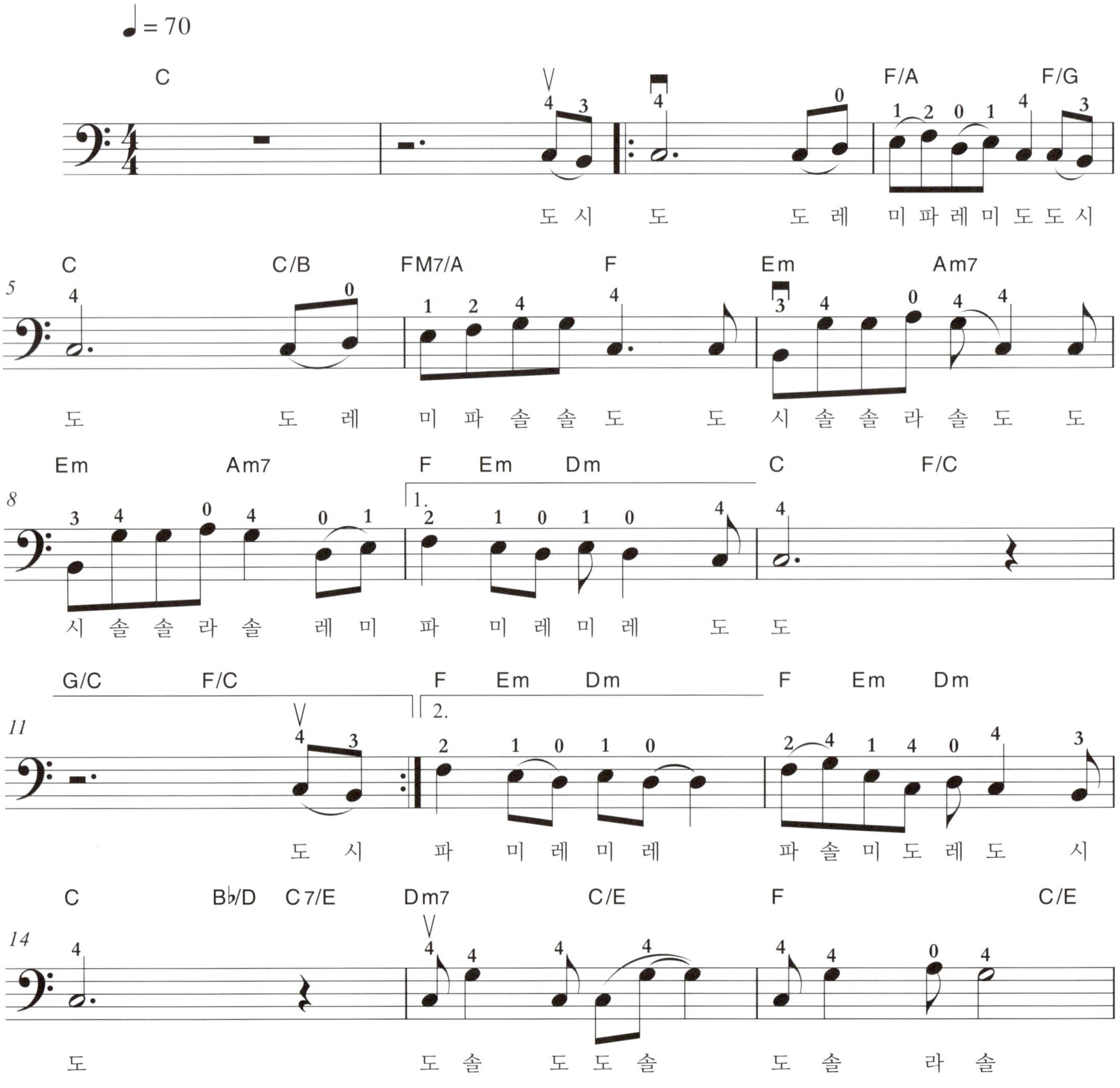

Dm7   C/E   Am7   D
D7   F9
도 솔 도 도 솔   도 시 솔 미 라   라 시 도   솔   파 미
Dm/G   C   F/C   CM7   F/C
레   미 도 레 도   시 도 레   미 도
Am   D7   GM7   Am   G   F   C/E
도 시 도 도 시 도 레 시   솔 도 시 라   라 솔 도 레
Bm7   E   Am   C/G   D7
미 미   미   도   레 미 시 라   미
Am   C/G   D7   G7sus4   G
도   레 미 시 라   라 시 도 솔
G   Dm7   C/G   FM7   C/E
도 시 도   도 레 미 파 레 미 도 도 시
Dm7   C/E   FM7   C/E   Dm7   Dm7/E C/E
도   도 레 미 파 레 미 도 도 시 도   도 레
F/A   G7   F   C
미 파 레 미 도 도 시 도

바람이 되어

TSUJI AYANO, JASRAC 작곡

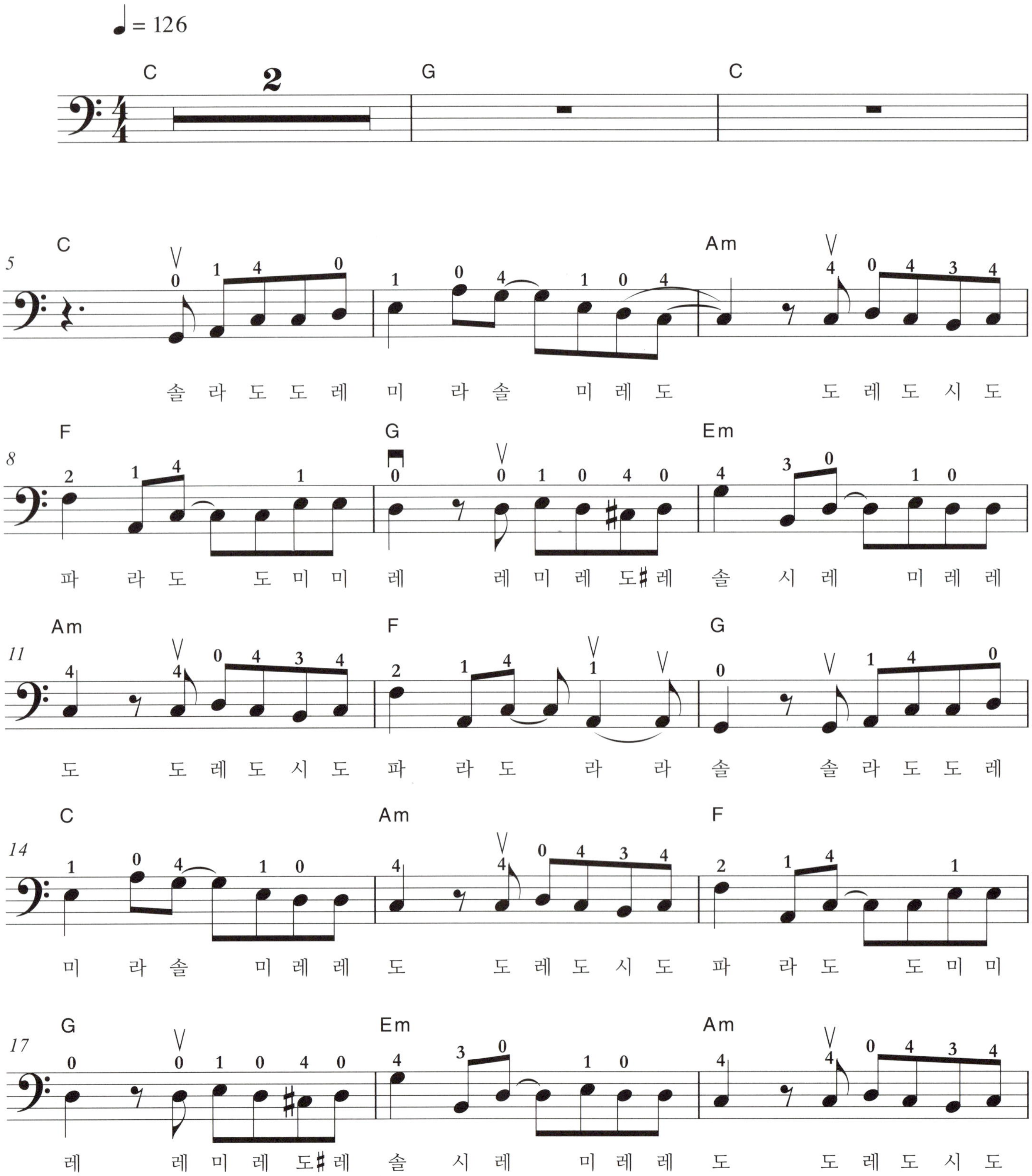

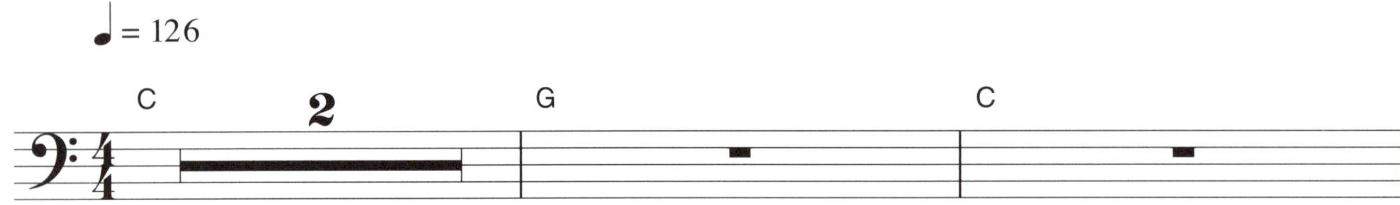

NO COPY

20
F   G   C   F
파 라 도 레 레 도 미 파 미 레 미 파 미 레 미 미

23
Fm   C   Am
파 파 솔 파 솔 파 미 레 도 레 레 미 미 미 레 도 미

26
D 7/F#   D 7   G   Am7
레 레 레 도# 도# 레 레 레 미 파#레 라 솔 솔 파# 파#

29
Gsus4 G   C   G/B
솔 미 파 미 파 미 솔 미 파 미 파 파 솔 솔 라 솔 라 시

32
Am   Em/G   F
도 미 미 라 라 솔 도 레 도 파 미 레 도 도

35
C/E   D/F#   G
파 미 레 도 도 도 레 라 도 레 레 솔 미 파 미 파 미

38
C   G/B   Am   Em/G
솔 미 파 미 파 파 솔 솔 라 솔 라 시 도 미 미 라 라 솔 도 레 도

42
F   C/E   Dm G   C
파 미 레 도 도 파 미 레 도 도 도 레 라 도 레 레 도

하루의 추억

NOMI YUJI 작곡

NO COPY

13
DM7
라 파# 라 파# 솔 라 솔 미 솔 미
G/D
Gm/D

17
Bm7
도# 레 미 파# 도# 시 미 파#
E7
Em7
A

21
F#m7
라 파# 라 파# 솔 라 솔 미 솔 미
B7/F#
Em7
Gm/D

25
Bm7
파# 시 도# 레 도# 미 파#
E7
Em7
A7

29
DM7
라 파# 라 파# 솔 라 솔 미 라 미
G/D
A7/D

33
A7
솔 미 솔 미 파# 파#
C#dim7/B♭ Bm7
E7

37
D
라 파# 라 파# 솔 라 솔 미 라 미
Gm7
A7

41
Em7/D
솔 미 도# 레 미 레
A7
DM7

Country Road

WILLIAM THOMAS DANOFF, MARY CATHERINE DANOFF, JOHN DENVER 작곡

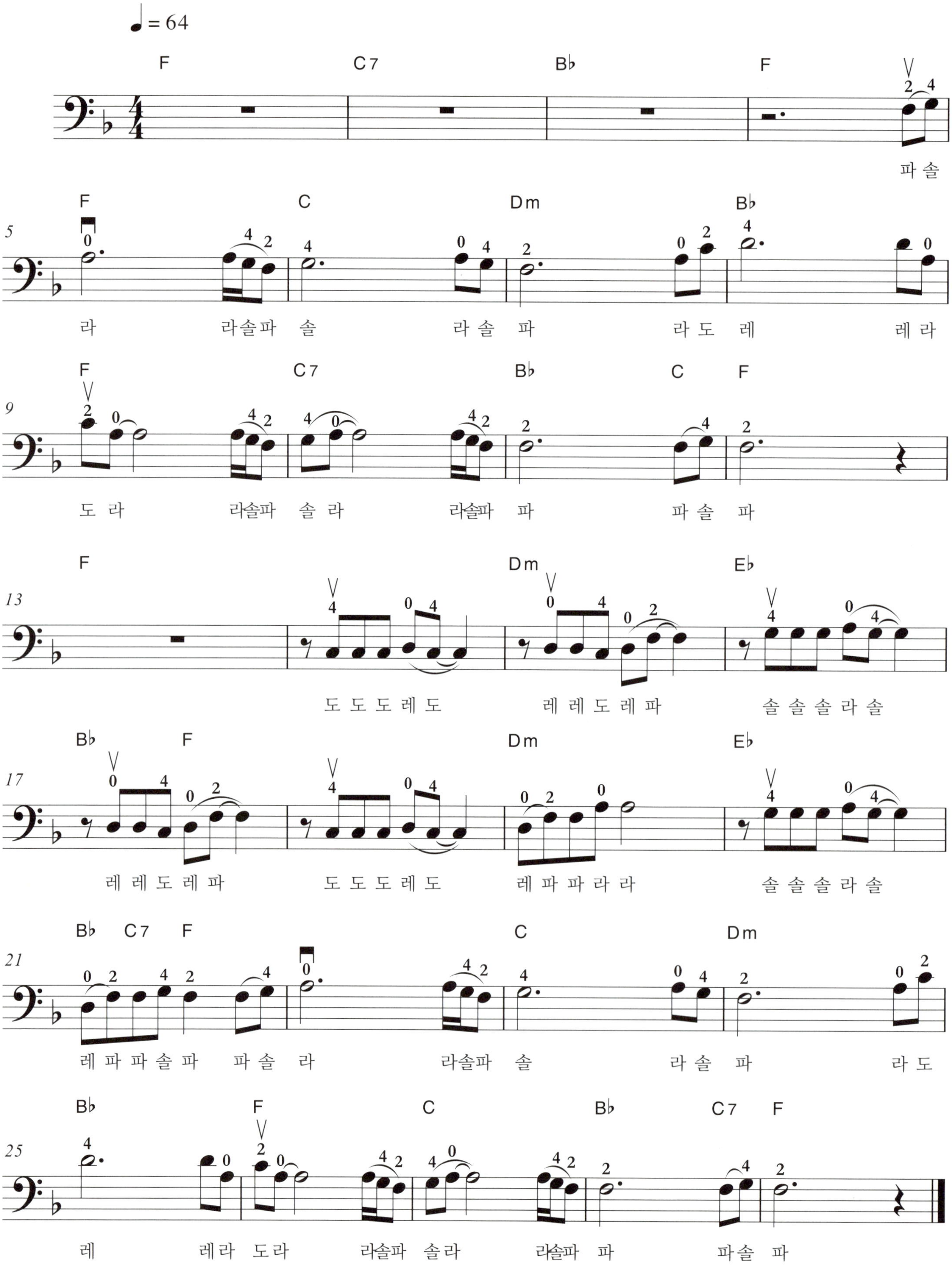

언덕 마을

NOMI YUJI 작곡

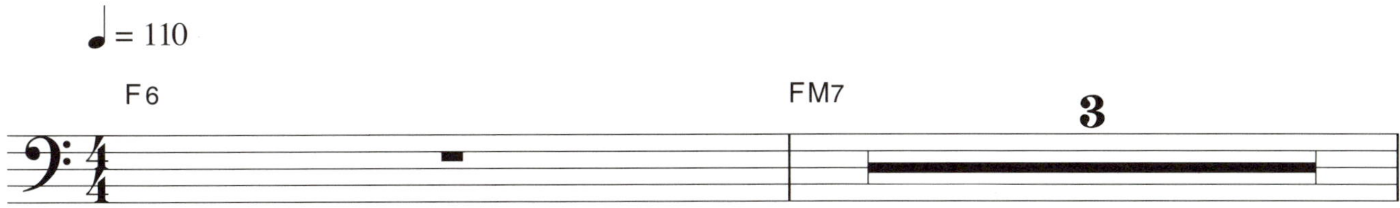

다정함에 감싸안기면

HISAISHI JOE 작곡

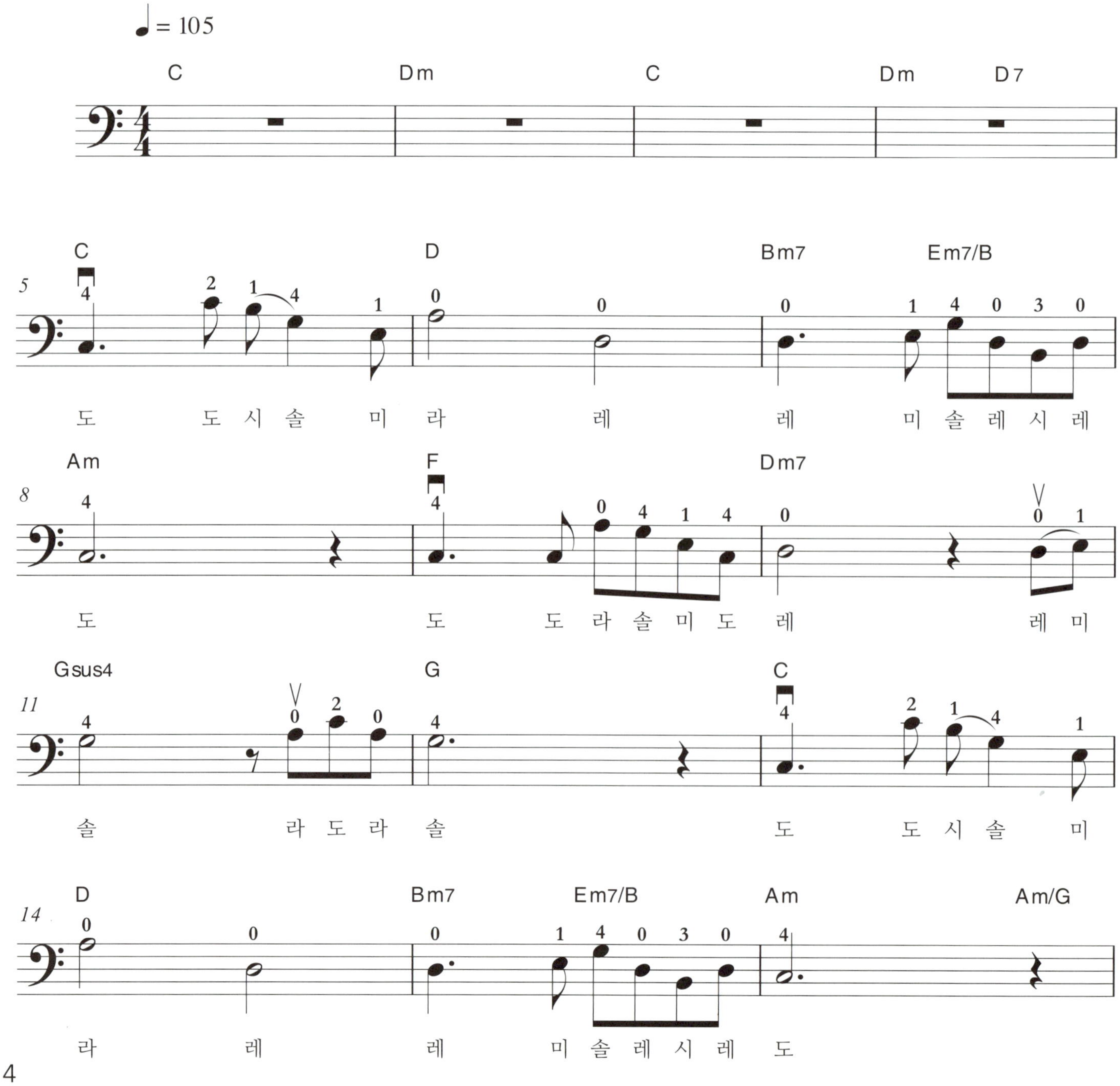

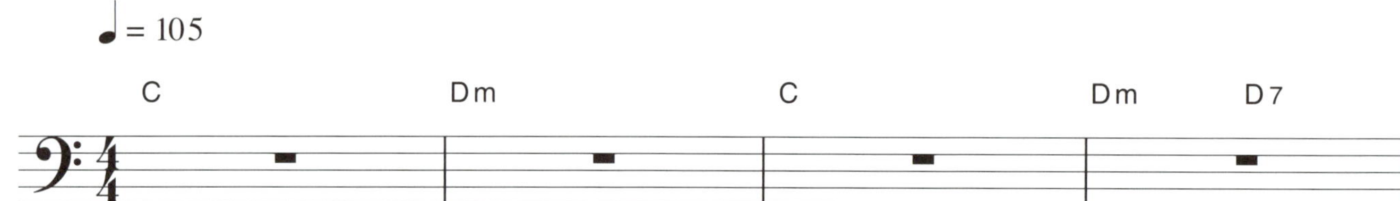

♩ = 105

NO COPY

F   Dm   Gsus4
도   도 라 솔 미 도 레   레 미 솔   라 도 라

Em   E   Am   F
3 pos.
솔   솔♯   도 시 도 시 솔 미 솔 라   라

Am   F
도 시 도 시 솔 미 솔 라   라   라 시 도 시 라

G7   Em   Am   F
시 도 레 도 시 라 솔   미 솔 라   솔   솔 파

Dm7   Gsus4   G   Am   Am/G
2 pos.
파 파 미 미 레 도 레   라 도 레 미   레   도 시 도 시 솔 미

F   Am   Am/G   F
솔 라 라   도 시 도 시 솔 미 솔 라 라   라 시 도 시 라

G7/F   Em7   Am   Am/G   F
시 도 레 도 시 라 솔   미 솔 라   솔   솔 파

Dm7   G9   C   Cadd2
2 pos.
파 파 미 미 레 도 레   미 레 노 레   도

루즈의 전언

ARAI YUMI 작곡

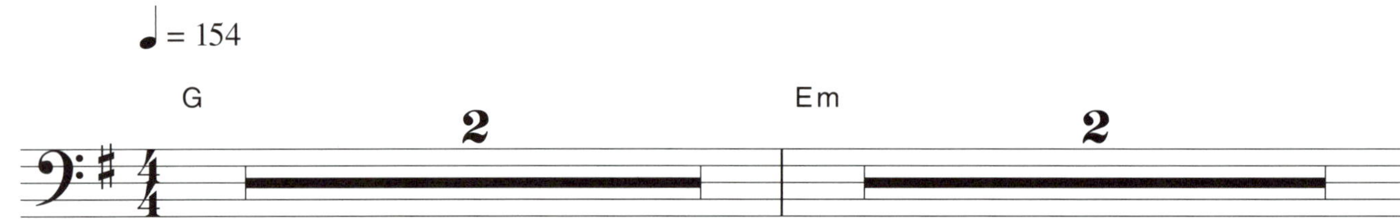

맑은 날에

ARAI YUMI 작곡

바다가 보이는 마을

HISAISHI JOE 작곡

♩ = 110 서정적으로

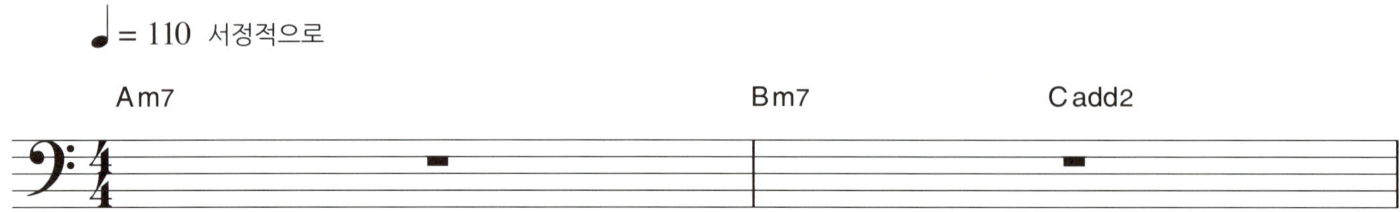

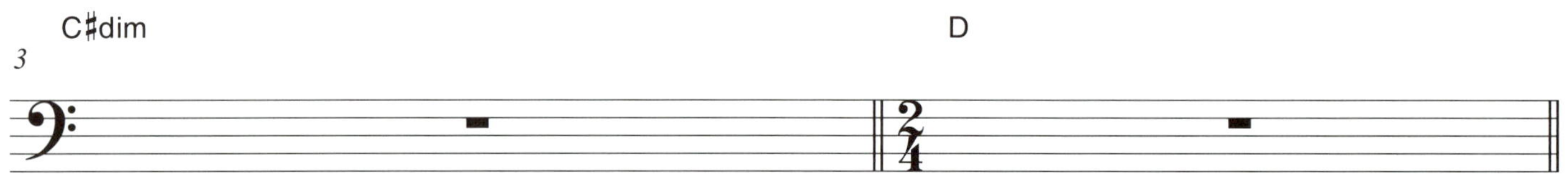

19

엄마의 빗자루

HISAISHI JOE 작곡

Bm7(♭5)
E7
Am7
레 레 레 라 솔♯ 라 솔♯ 라 시 도 도 도 미 시
D7
G
라 파♯ 솔 시 도 레 미
Dm
G7
C
파 파 파 미 레 파 라 파 레 미 미 미 레 도
C
Fm
B♭7
미 미 파 솔 라♭ 라♭ 라♭ 솔 파 라♭ 도 라♭ 파
2 pos.
E♭
Am7
D
G
솔 솔 솔 파 미♭ 레 레 솔 파♯ 레
4 pos.
Am
E/A
Am
미 미 도 시 솔♯ 라 시 도
Bm7(♭5)
E7
Am7
레 레 레 라 솔♯ 라 시 도 도 도 미 시
D7
G
라 파♯ 솔

인형을 대신한 지지

HISAISHI JOE 작곡

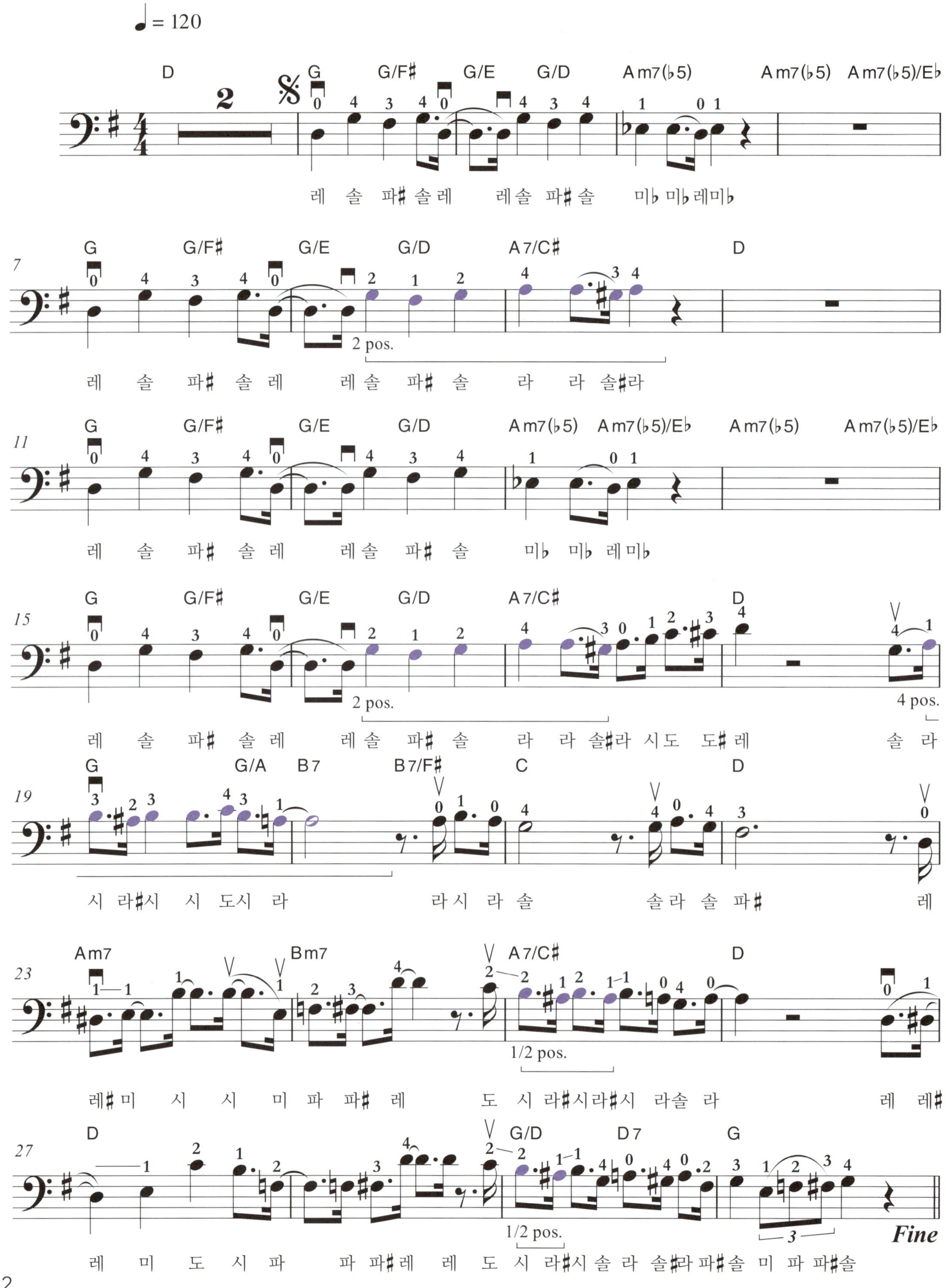

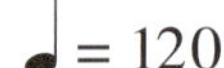

D.S. al Fine
23

일 시작

HISAISHI JOE 작곡

♩ = 89

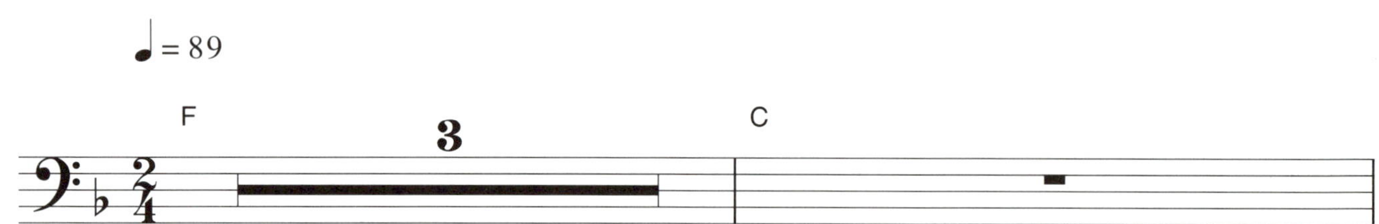

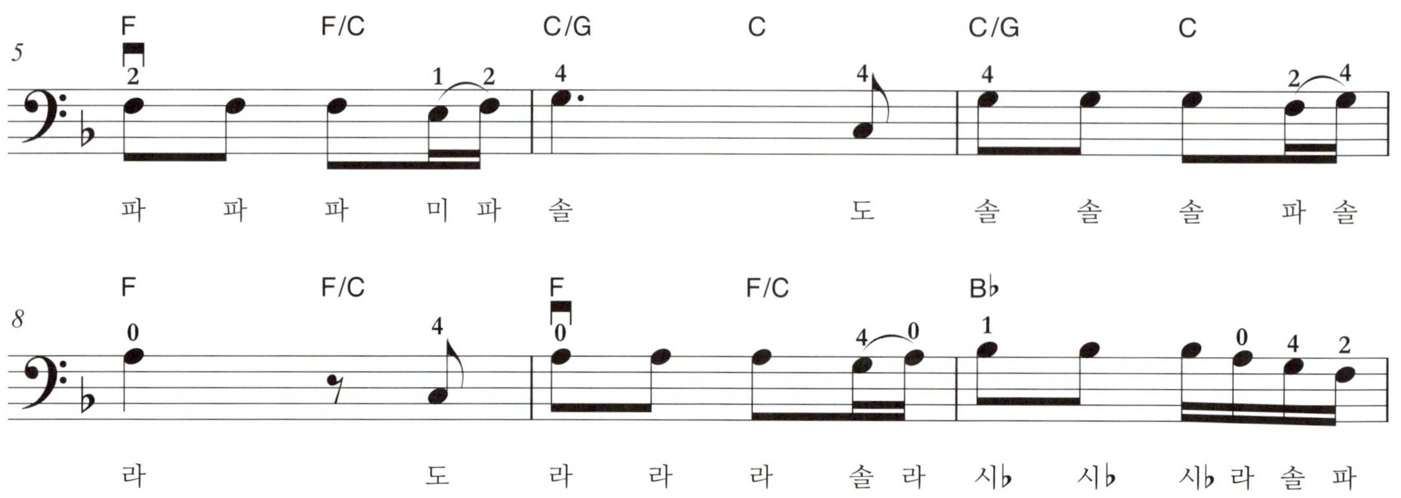

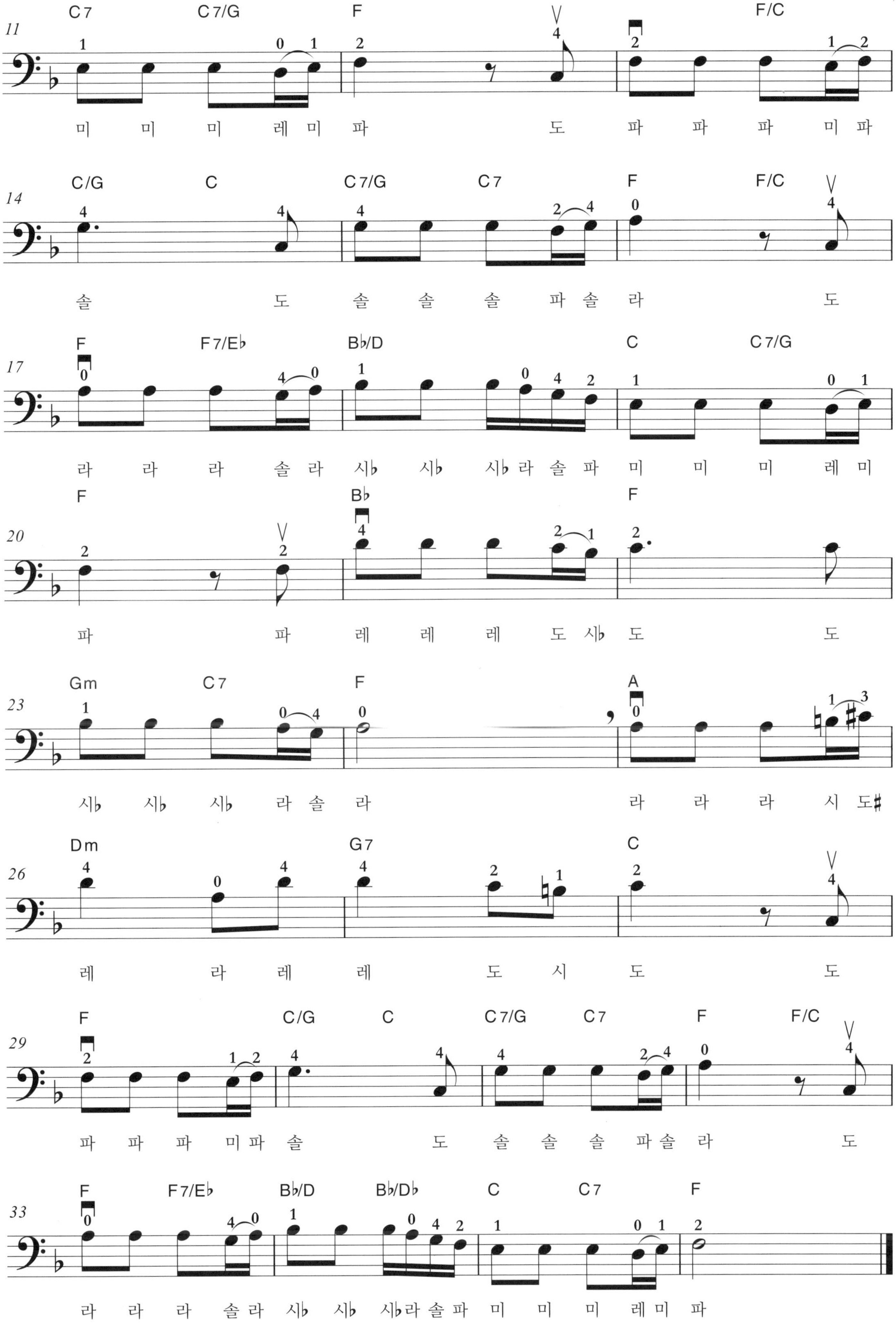
C7 C7/G F F/C
미 미 미 레 미 파 도 파 파 파 미 파
C/G C C7/G C7 F F/C
솔 도 솔 솔 솔 파 솔 라 도
F F7/E♭ B♭/D C C7/G
라 라 라 솔 라 시♭ 시♭ 시♭ 라 솔 파 미 미 미 레 미
F B♭ F
파 파 레 레 레 도 시♭ 도 도
Gm C7 F A
시♭ 시♭ 시♭ 라 솔 라 라 라 라 시 도♯
Dm G7 C
레 라 레 레 도 시 도 도
F C/G C C7/G C7 F F/C
파 파 파 미 파 솔 도 솔 솔 솔 파 솔 라 도
F F7/E♭ B♭/D B♭/D♭ C C7 F
라 라 라 솔 라 시♭ 시♭ 시♭ 라 솔 파 미 미 미 레 미 파

아리에티의 노래

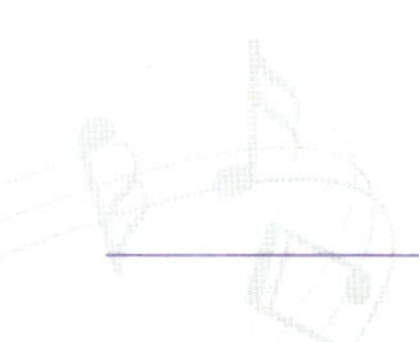

SIMON CABY, CECILE CORBEL, JASRAC 작곡

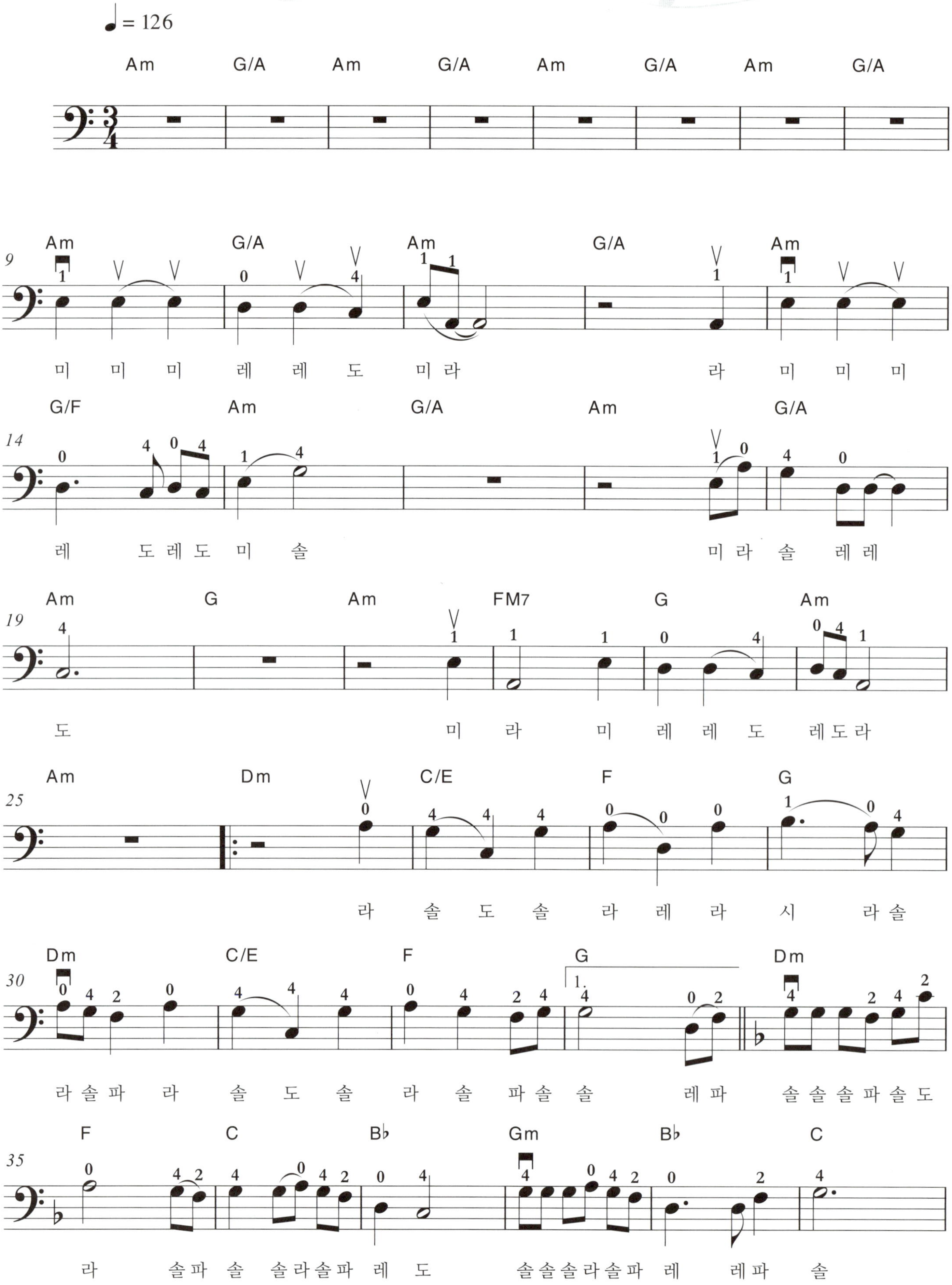

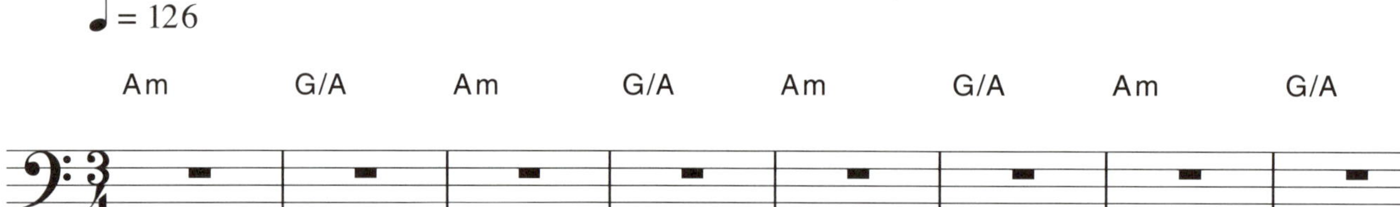

NO COPY

41
Am   Dm   F   C   B♭   Gm
도 도레파솔 솔파솔도 라   솔파 솔 솔라솔파 레 도   솔솔솔라솔파

47
B♭   C   Am7   Dm   C/D
레 파 솔   레 라 라 라 솔 솔 파

52
Dm   C/D   Dm   C/D   Dm7
라 레   레 라 라 라 솔   파솔파 라 도

57
C/D   Dm   C   Dm   C
라 레 도 솔솔 솔 파   라 레 도 솔솔

62
Dm   B♭   C   Dm   2. G
파 라 레 라 솔솔 파 솔파레   솔

67
Am   C   G   F   Dm
레레레도레솔 미   레 도 레 레미레도 라 솔   레레레미레도

72
F   G   E7   Am   C
라 라도 레   레 도레솔 미   레 도

77
G/B   F   Dm   F   Am7
레 레미레도 라 솔   레레레미레도 라 도 라

모노노케 히메

HISAISHI JOE 작곡

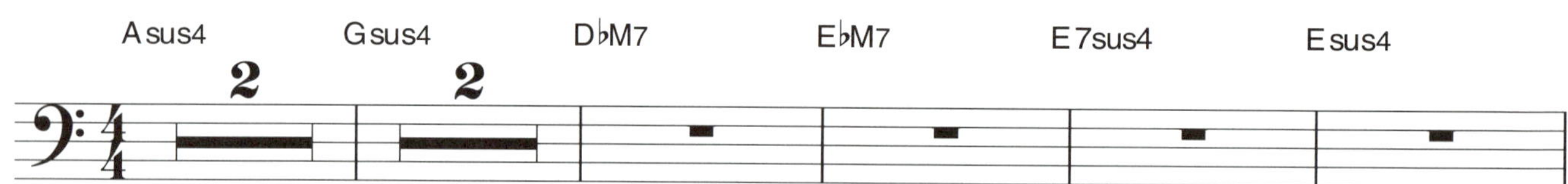

Dm   G/B   C   Dm   Dm/G   Am   C   G/B
0   4   0   1   0   1   0   1   1
라 라 라 라 라   라 솔 레 미   레 레 레 미 레 라   라

Am   Em7   Dm   CM7   Em7
0   1   0   2   1   1   0   4   1   0   1   1   2   1   4
라 라 라 시 라   라 도 시 미   레 솔 미 레 미 시 시 시 도 시   솔

Am   Em/G   F   C/E   Dm7   Em7
2   1   1   0   4   2   4   1   4   0   2   1   1   4
도 시 미 미 라 솔 파 솔   미 솔 라 도 시 미 솔

FM7   Dm7   Em7   Asus4   A
0   1   4   0   2   1   1   4   0   0
라   미 솔 라 도 시 미 솔 라

Am   G   FM7   Em7
1   1   0   1   4   0   1   1   0   1   4   1   4
라 미 미 레 미   미 솔 레   라 미 미 레 미   미 솔   미 솔

Dm   G/B   C   B♭M7   Bm7   E7
0   4   0   1   0   1   0   1   1
라 라 라 라 라   라 솔 레 미   레 레 레 미 레 라   미

Am   G   FM7   Em
1   1   0   1   4   3   1   1   0   1   4   1   4
라 미 미 레 미   솔 시   라 미 미 레 미   미 솔   미 솔

Dm   G/B   C/E   Dm   Dm/G   Asus4   A9
0   4   0   1   0   1   0   1   1
라 라 라 라 라   라 솔 레 미   레 레 레 미 레 라   라

아시타카와 산

HISAISHI JOE 작곡

G 7/C
C
Am7
솔 레 도 레 미 미솔 도 도 도 시 미 솔
F
C/E
Dm7
Dm7/G
Cadd9
라 솔 파 솔 도 레 미 라 도 레 미 레 도 도
F
G7
F
파 미 레 도 레 솔 미 레 레 파 미 레 도 레 솔 라
Em7
F
G
Am7
솔 미 솔 미 레 미 솔 미 도 도 시 라
B♭M7
Dm7/G
C
도 레 레 미 파 라 솔 솔 도 레
E7
F
Dm7
Fm7
Dm7/G
레 미 도 시 도 도 도 레 시 라 파 솔 파 솔 미 파 라
C
E7
Am
Em/G
FM7
솔 솔 도 레 레 미 도 시 도 미 시 미 라 라 솔 파
C/E
Dm7
FM7/G
G G#dim F/A
Cadd2
솔 도 솔 솔 파 미 라 미 미 레 도

아시타카의 전설

HISAISHI JOE 작곡

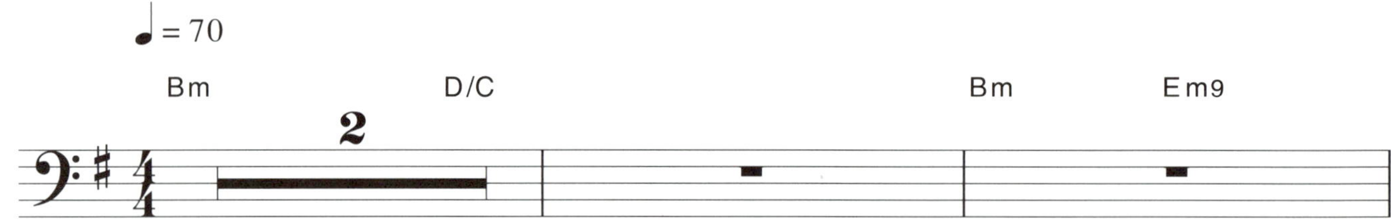

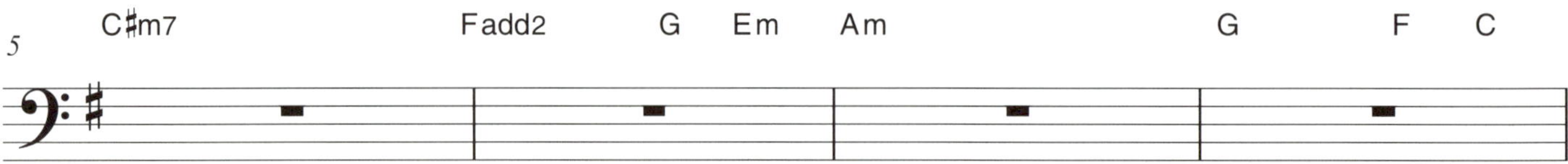

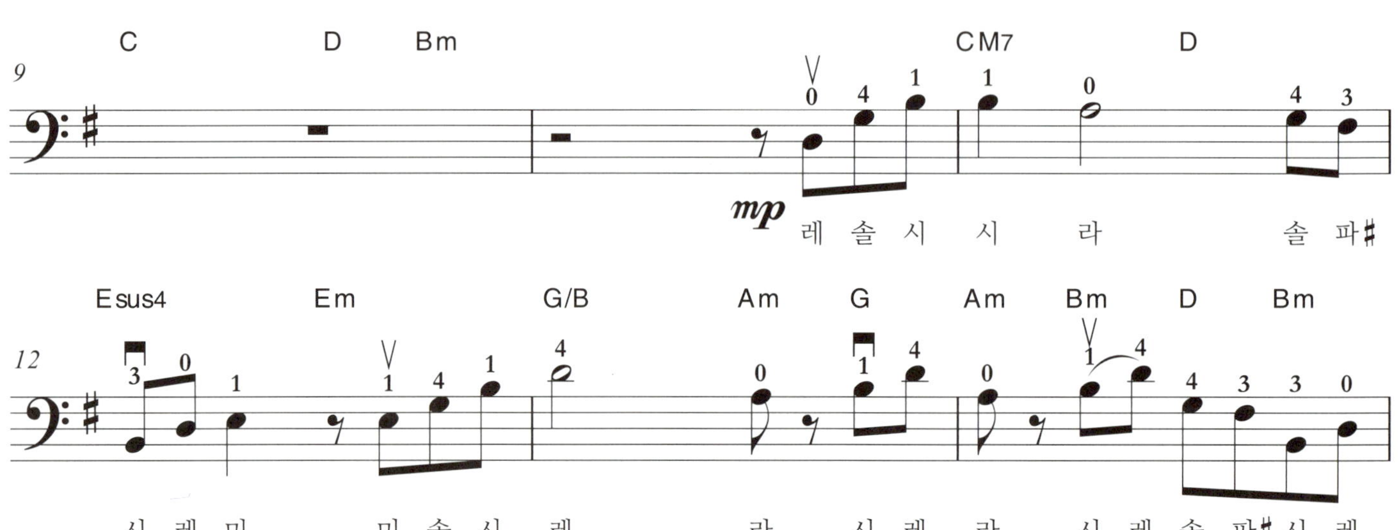

Esus4
Em
CM7
D
Esus4
Em
15
미
시 미 시 시 라
솔 파# 시 레 미
미 솔 시
Bm
F#m7
Bm
CM7
18
레
시 도# 라 시
시 라 시 미 라
GM7
CM7
Bm
21
파# 미 파# 시
시 라 시 미
라 라b 솔 파#
솔 라
3 pos.
CM7
D
Em
CM7
D
24
시
라 시 레 시 라
솔 미 솔 솔 라 시
시 라 시 레 시
Em
FM7
Esus4
Bm
27
솔
미 레 미 솔
미 솔 라 솔 라 시
파#
Bm
CM7
D
Esus4
Em
30
시 미 시 시 라
솔 파# 시 레 미
미 솔 시
Bm
F#m7
Bm
CM7
D
33
레
시 도# 라 시
시 미 시 시 라
솔 파#
Esus4
Em
G/B
Am G Am Bm D Bm Esus4 Em
36
시 레 미
미 솔 시 레
라 시 레 라
시 레 솔 파# 시 레 미

나우시카 레퀴엠

HISAISHI JOE 작곡

35

바람의 전설

HISAISHI JOE 작곡

NO COPY

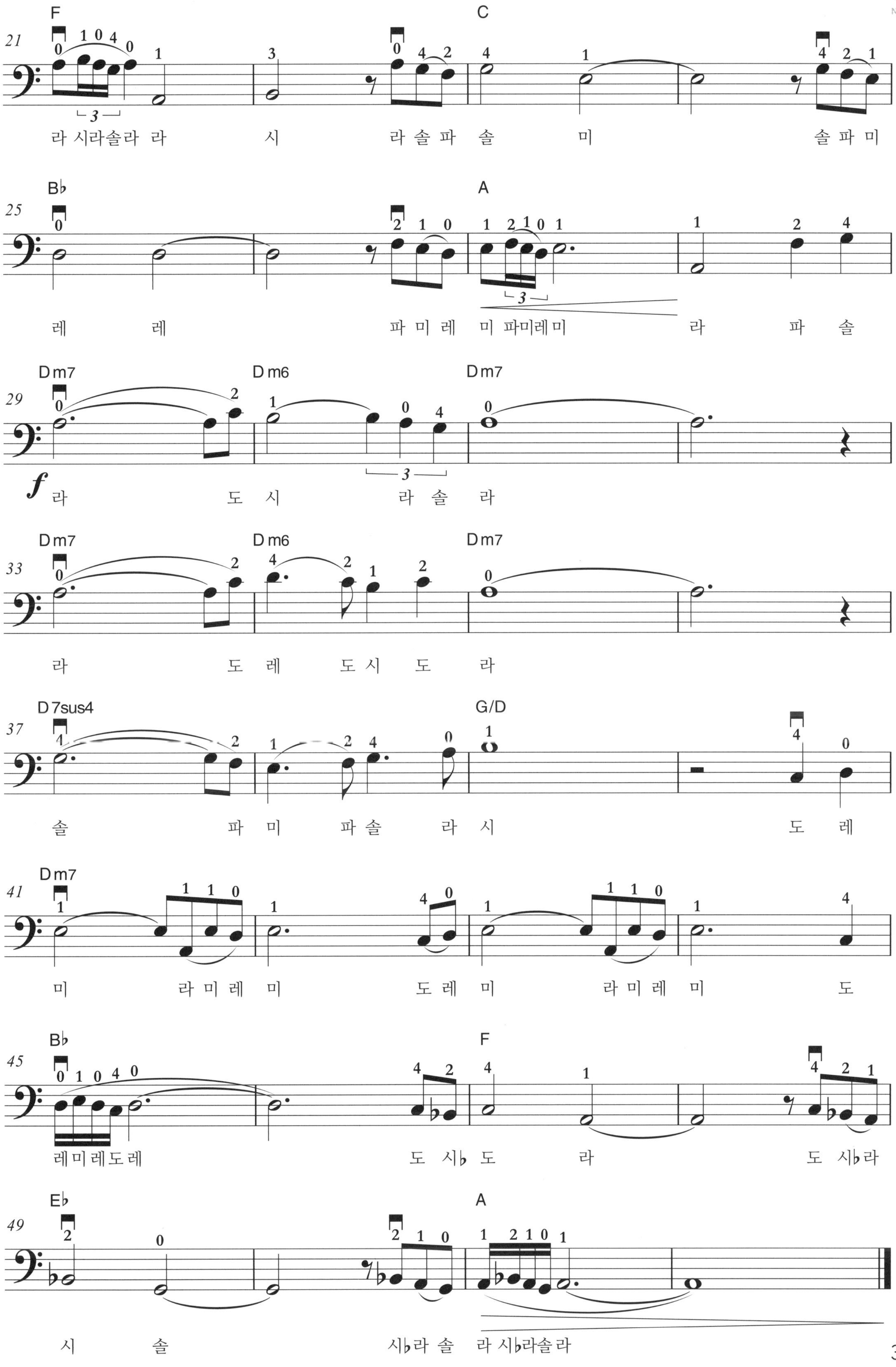

라 시라솔라 라   시   라솔파 솔   미   솔파미
레   레   파 미 레 미 파미레미   라   파 솔
라   도 시   라 솔 라
라   도 레   도 시 도   라
솔   파 미 파 솔   라 시   도 레
미   라 미 레 미   도 레 미   라 미 레 미   도
레미레도레   도 시♭도   라   도 시♭라
시   솔   시♭라 솔 라 시♭라솔라

하늘을 나는 사람

HISAISHI JOE 작곡

비행기 구름

HISAISHI JOE 작곡

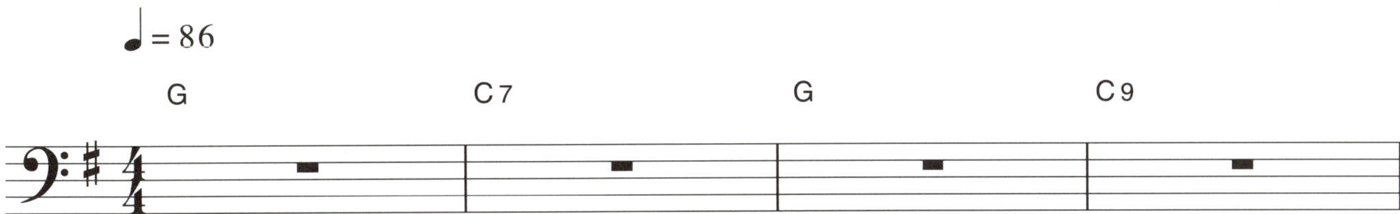

여로: 몽중비행

ARAI YUMI 작곡

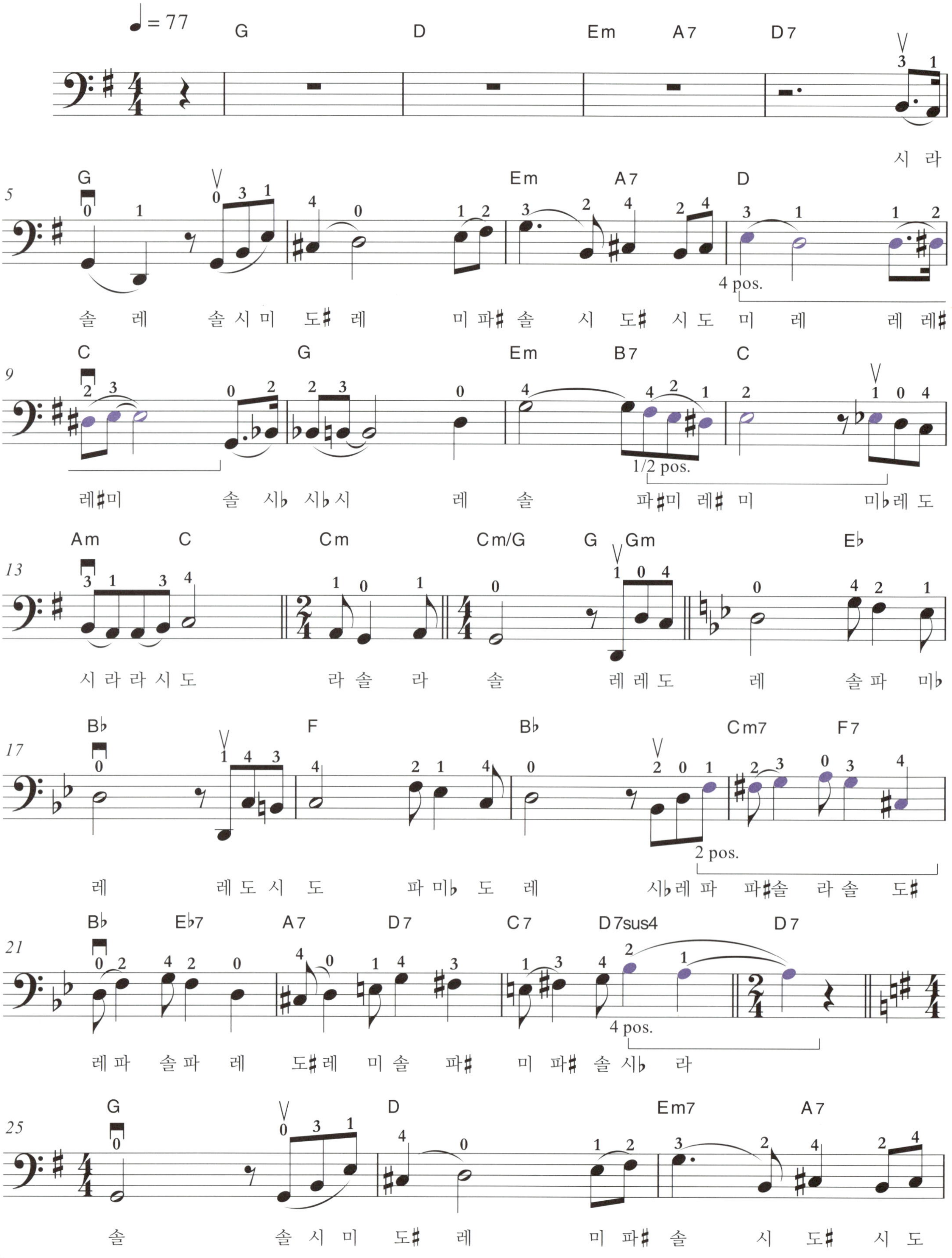

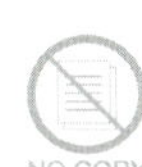

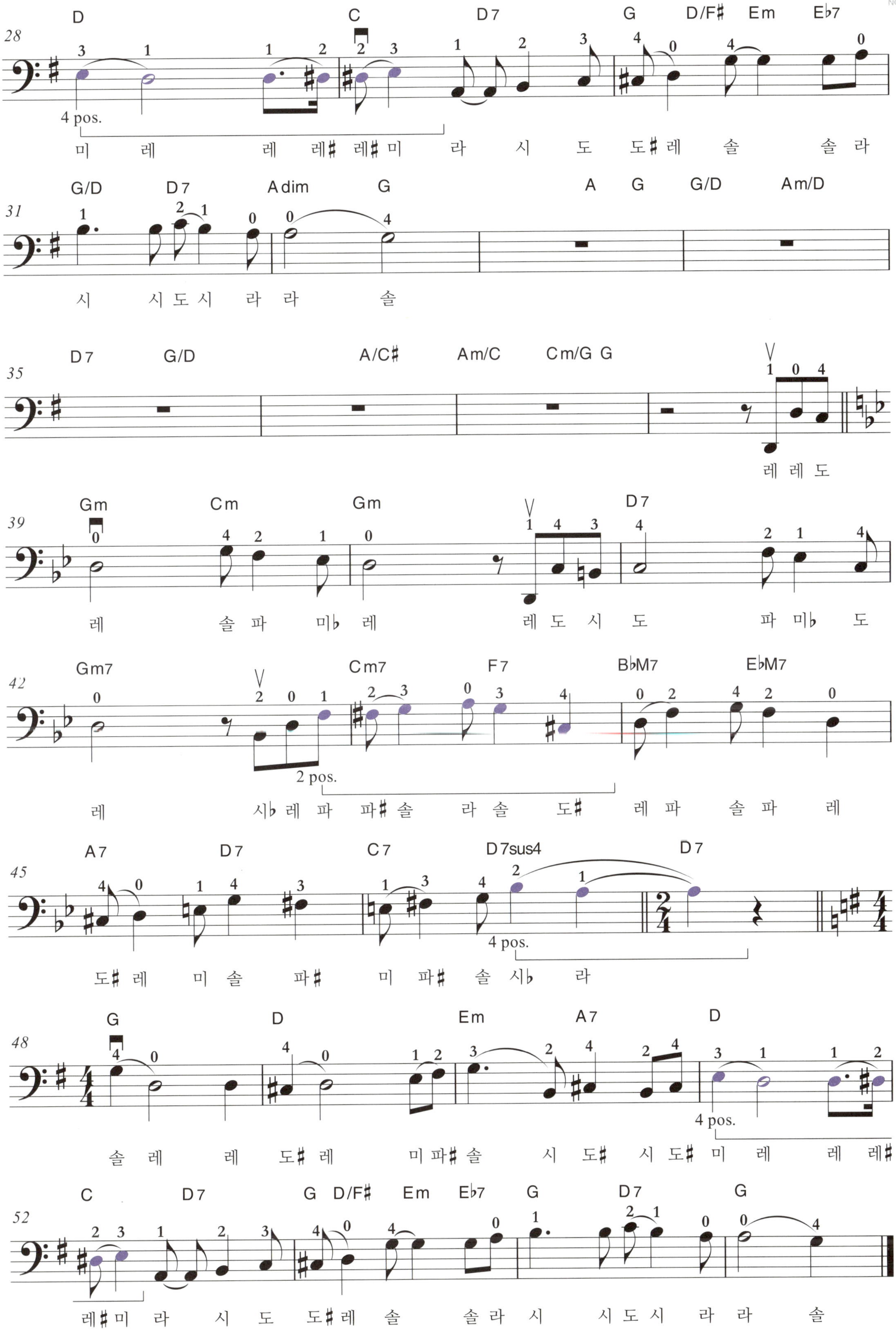
28
D C D7 G D/F♯ Em E♭7
4 pos.
미 레 레 레♯ 레♯ 미 라 시 도 도♯ 레 솔 솔 라
31
G/D D7 Adim G A G G/D Am/D
시 시 도 시 라 라 솔
35
D7 G/D A/C♯ Am/C Cm/G G
레 레 도
39
Gm Cm Gm D7
레 솔 파 미♭ 레 레 도 시 도 파 미♭ 도
42
Gm7 Cm7 F7 B♭M7 E♭M7
2 pos.
레 시♭ 레 파 파♯ 솔 라 솔 도♯ 레 파 솔 파 레
45
A7 D7 C7 D7sus4 D7
4 pos.
도♯ 레 미 솔 파♯ 미 파♯ 솔 시♭ 라
48
G D Em A7 D
4 pos.
솔 레 레 도♯ 레 미 파♯ 솔 시 도♯ 시 도♯ 미 레 레 레♯
52
C D7 G D/F♯ Em E♭7 G D7 G
레♯ 미 라 시 도 도♯ 레 솔 솔 라 시 시 도 시 라 라 솔

Home Sweet Home

HENRY ROWLEY BISHOP 작곡

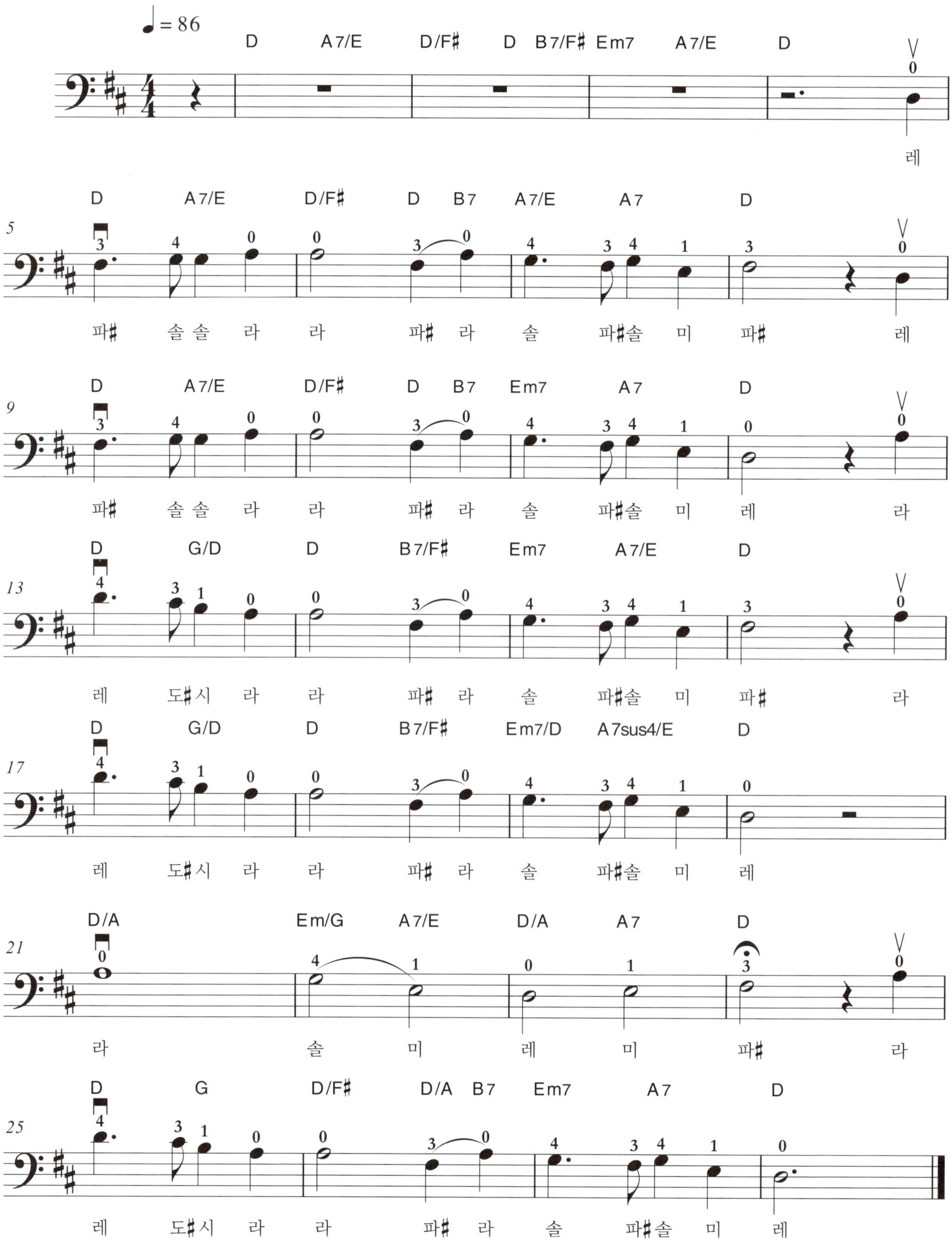

벼랑 위의 포뇨

HISAISHI JOE 작곡

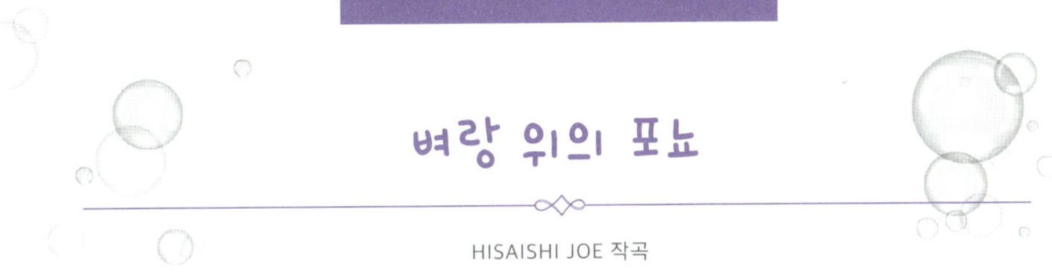

엄마와 바다의 찬가

HISAISHI JOE 작곡

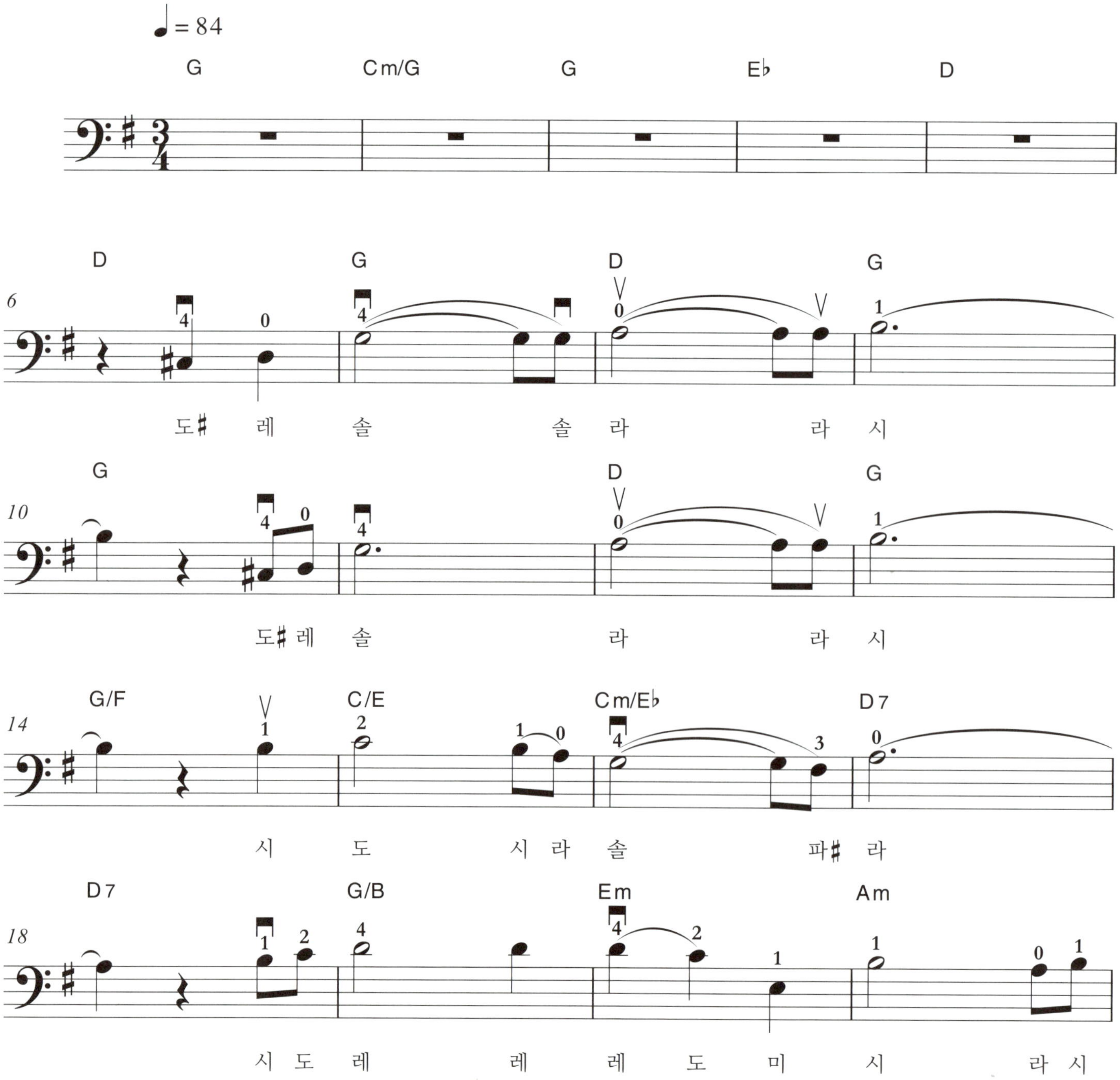

NO COPY

22 Cm   G/D   D7   G   C
도   도 도 시   솔 솔 시 라   파#파#라 솔

26 G   Cm   F   A/Bb   Bb
솔   솔   파 미b 도   미b 도#   레

30 G7/B   Cm   F   A/Bb
레   솔 솔   파 미b 도 레 도 미

34 Bb   Fm   Bb   EbM7
파   파 솔 라b   솔 파 도 레 시b 솔
2 pos.

38 Eb7   AbM7   Am7(b5)   Dsus4
솔   솔 솔 솔 솔   파 미b 파 미b   레 도 레

42 D   G   D/F#   Em
도#레 솔   솔 라   라 시

46 Cm/Eb   G/D   D
시 도 레   시 시 도 레   도# 레

50 G   Cm7   G
솔

해바라기 집의 왈츠

HISAISHI JOE 작곡

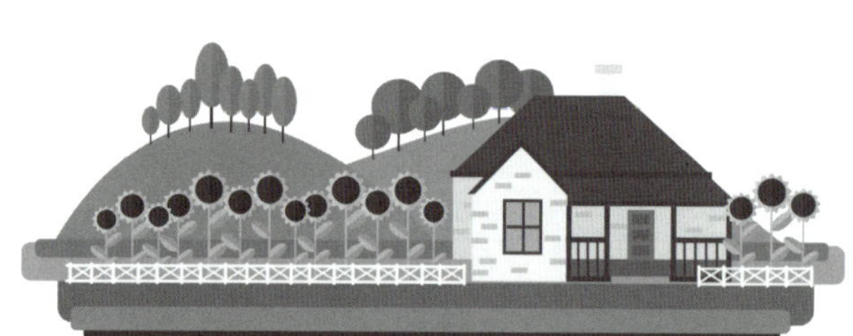

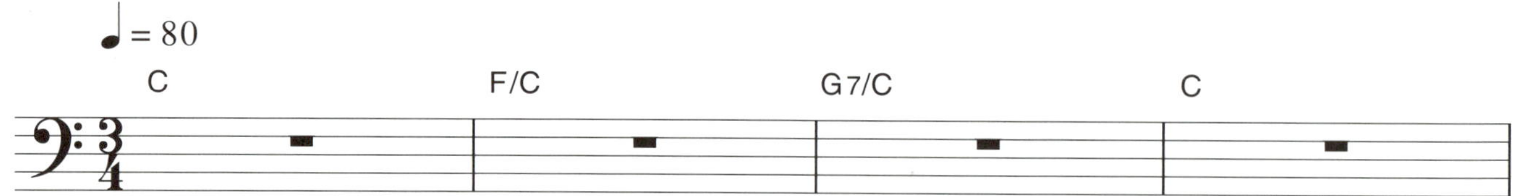

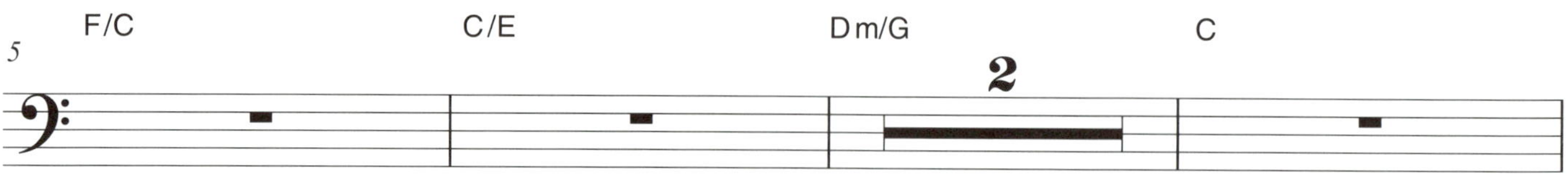

NO COPY

G   C   Em/B   Am
14
레   솔 솔 도   도 레 미   미 솔 미   미 레 도

G   Em7   Am7   Em7
18
레   미 파 솔   솔 솔 솔 솔 도   미 파 솔   솔 솔 솔

Am7   D7   G7
22
솔 도 도 레 미   미 미   미 라 미 도 레

G7   Dm7   G7   C
26
솔 솔 미 미 레 도 레   레 도 시 도

C7   F   G/F   Em
30
도 파 솔 라   라   라 시 솔 파 솔   미

Am   Dm7   G7   C
34
도   도 레 미 파   파 파   파 미 레   미 레 미 파

C7   F   G/F   Em
38
솔   도 파 솔 라   라   라 시 솔 파 솔   시

Am   Dm7   G7   C
42
도   도 시 라   도   시   라 솔 도

돌아갈 수 없는 날들

HISAISHI JOE 작곡

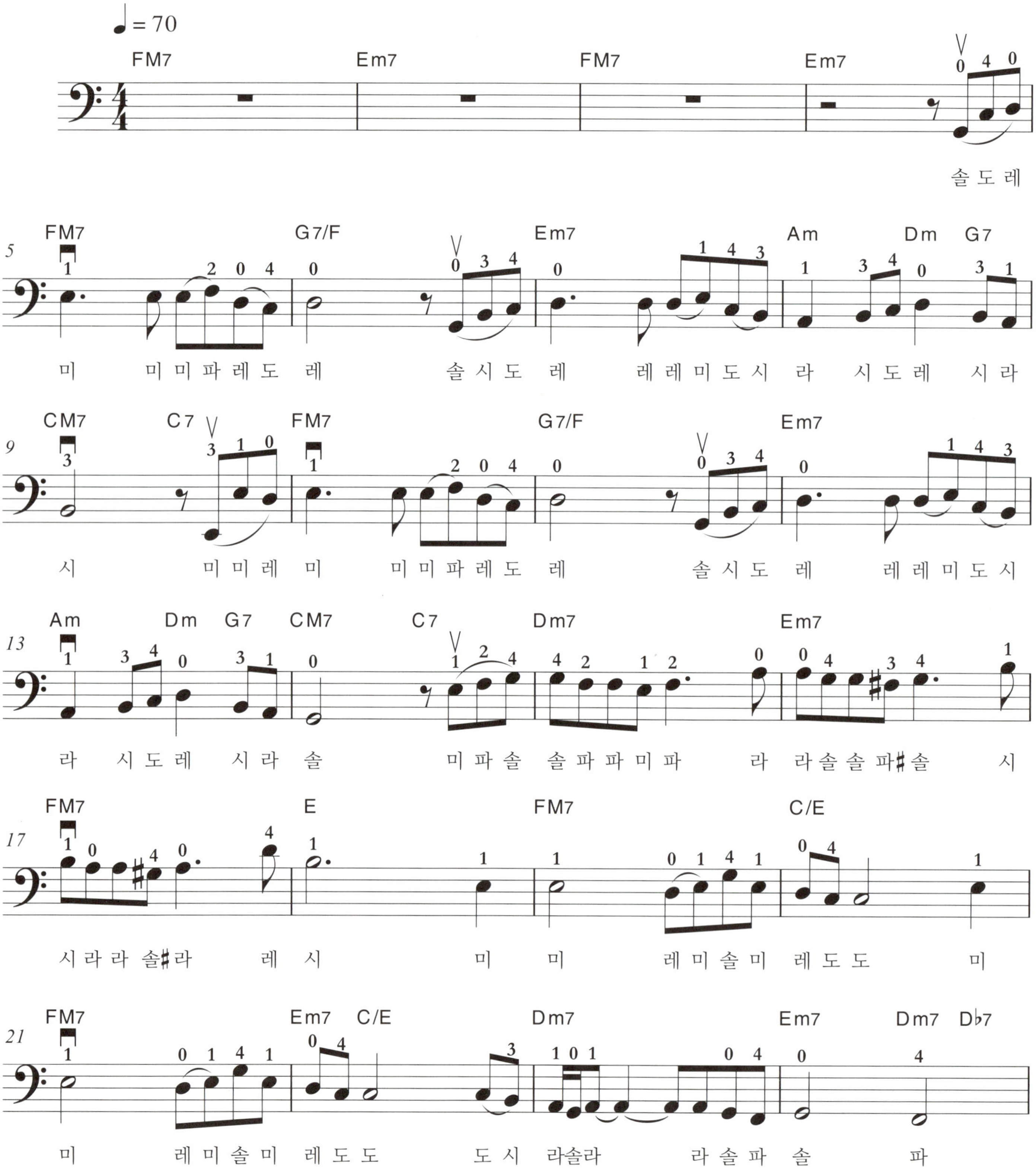

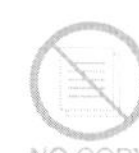

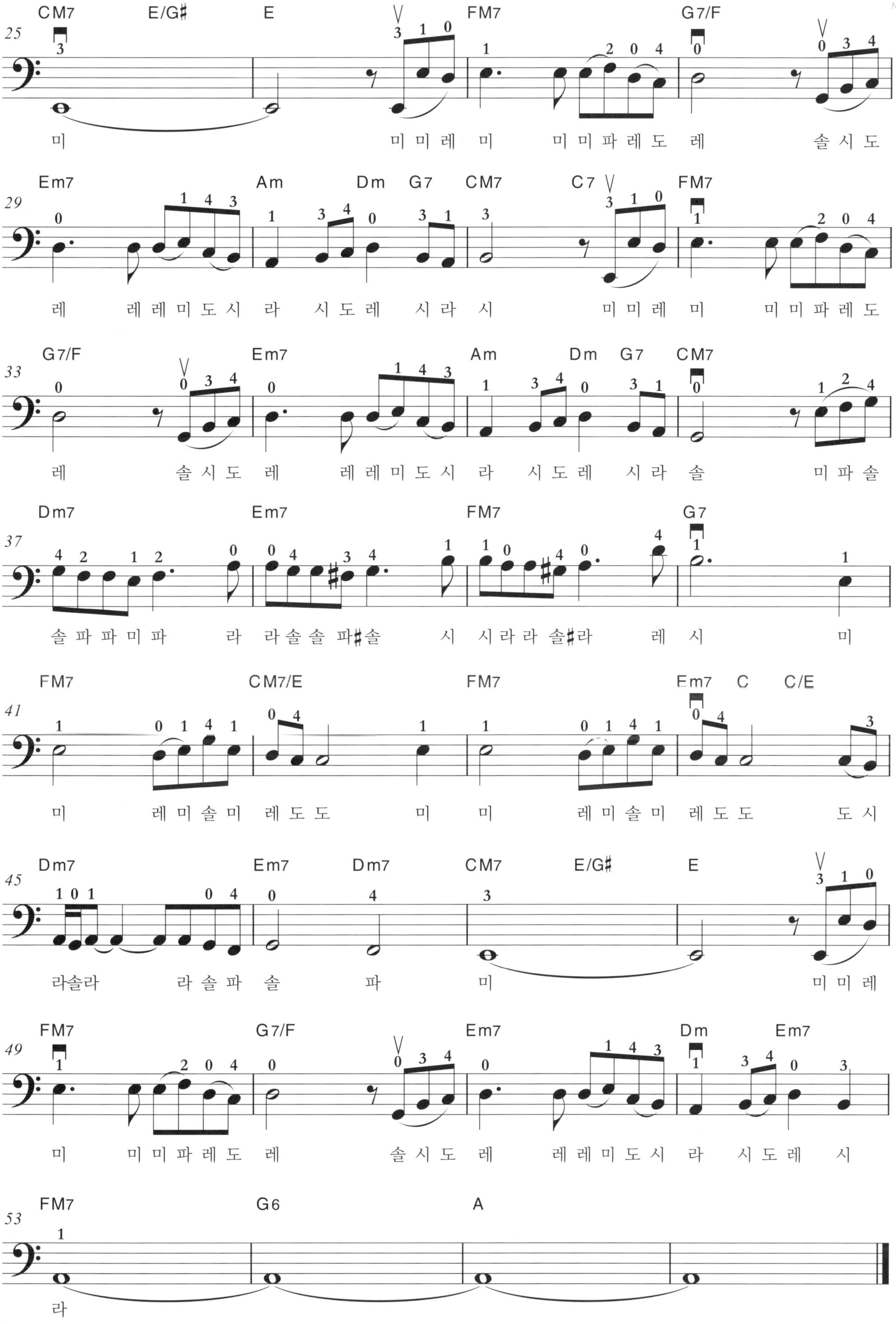
CM7 E/G♯ E FM7 G7/F
미 미 미 레 미 미 미 파 레 도 레 솔 시 도
Em7 Am Dm G7 CM7 C7 FM7
레 레 레 미 도 시 라 시 도 레 시 라 시 미 미 레 미 미 미 파 레 도
G7/F Em7 Am Dm G7 CM7
레 솔 시 도 레 레 레 미 도 시 라 시 도 레 시 라 솔 미 파 솔
Dm7 Em7 FM7 G7
솔 파 파 미 파 라 라솔솔 파♯솔 시 시라라 솔♯라 레 시 미
FM7 CM7/E FM7 Em7 C C/E
미 레 미 솔 미 레 도 도 미 미 레 미 솔 미 레 도 도 도 시
Dm7 Em7 Dm7 CM7 E/G♯ E
라솔라 라 솔 파 솔 파 미 미 미 레
FM7 G7/F Em7 Dm Em7
미 미 미 파 레 도 레 솔 시 도 레 레 레 미 도 시 라 시 도 레 시
FM7 G6 A
라

머나먼 시대를 찾아서

HISAISHI JOE 작곡

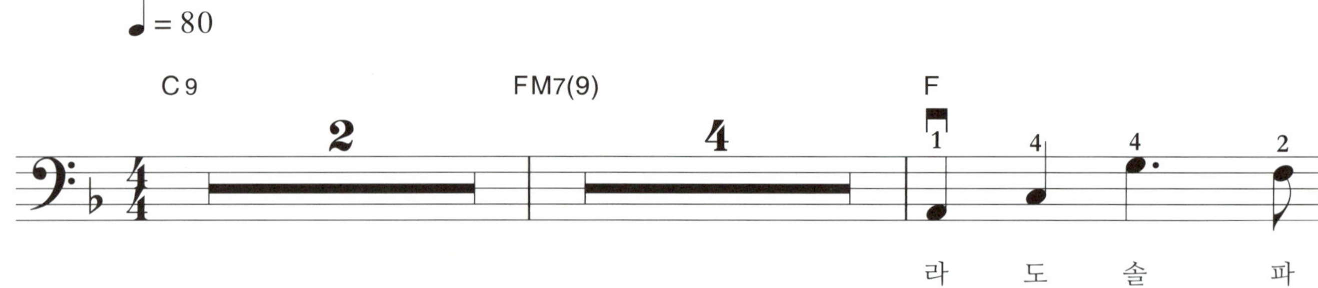

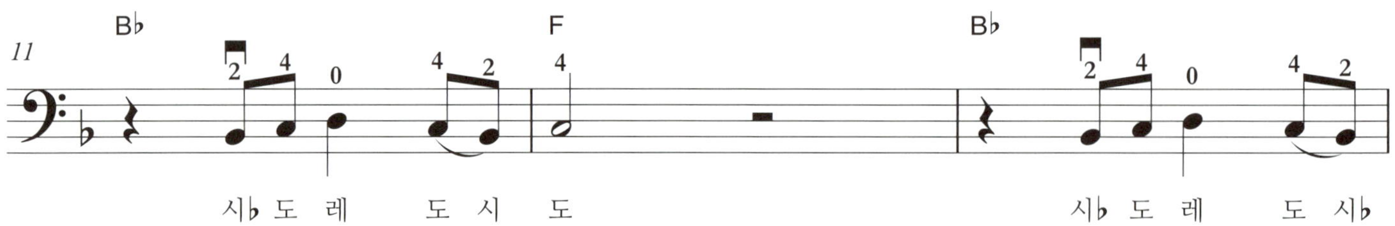

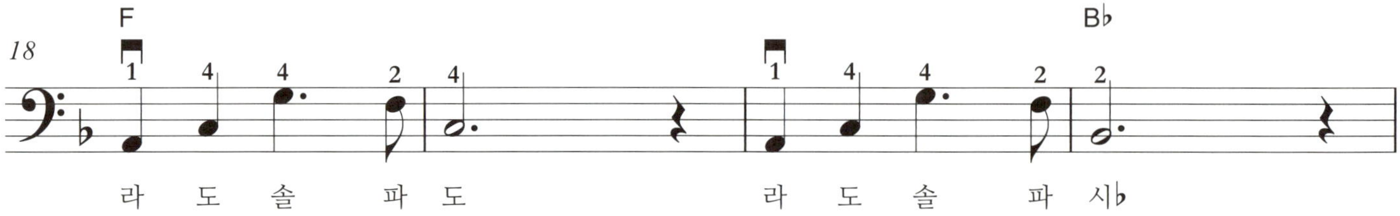

NO COPY

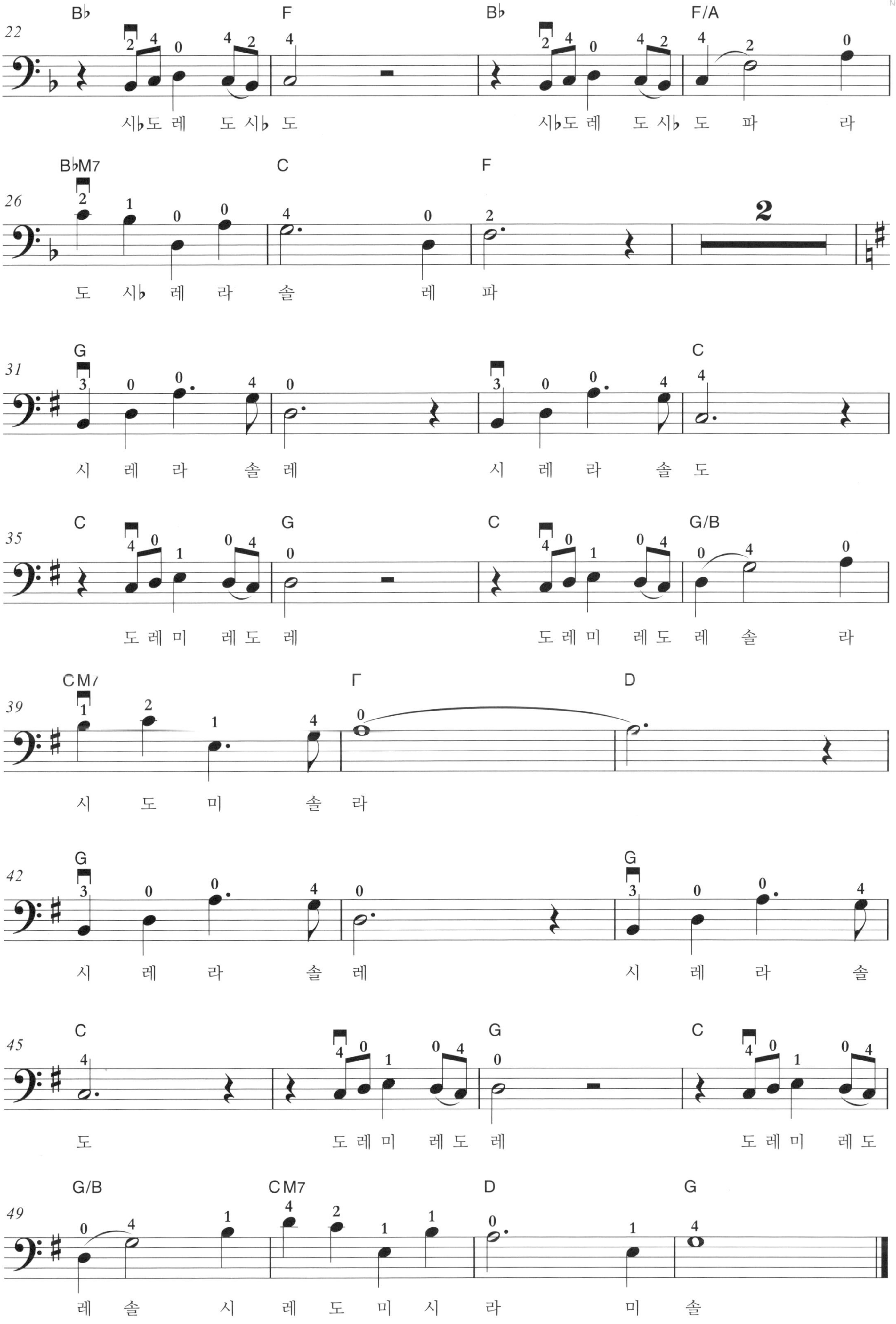

시♭도레 도시♭도
시♭도레 도시♭도 파 라
도 시♭레 라 솔 레 파
시 레 라 솔 레 시 레 라 솔 도
도 레 미 레 도 레 도 레 미 레 도 레 솔 라
시 도 미 솔 라
시 레 라 솔 레 시 레 라 솔
도 도 레 미 레 도 레 도 레 미 레 도
레 솔 시 레 도 미 시 라 미 솔

멜로디 & 반주

아드리해를 향해

HISAISHI JOE 작곡

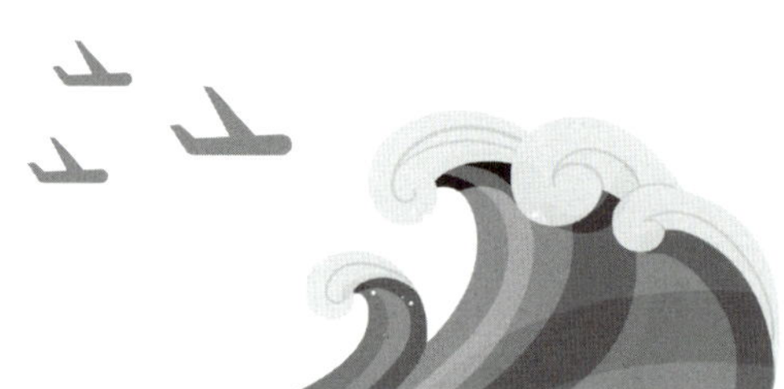

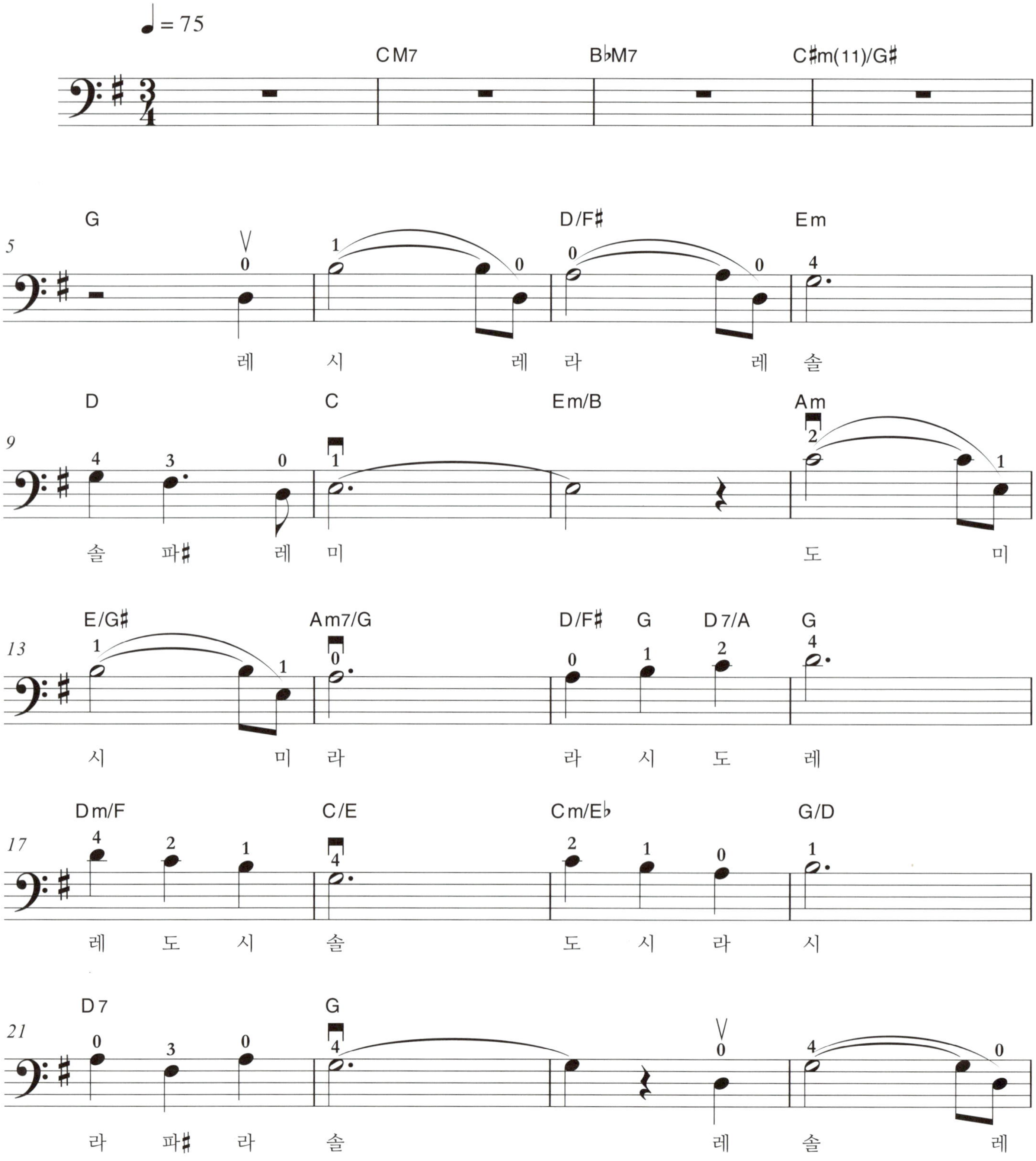

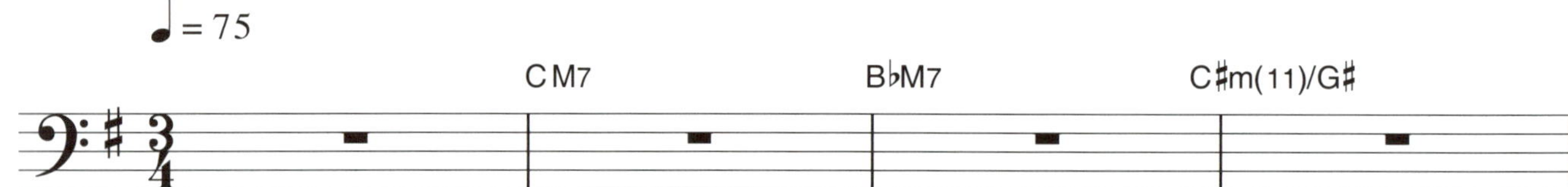

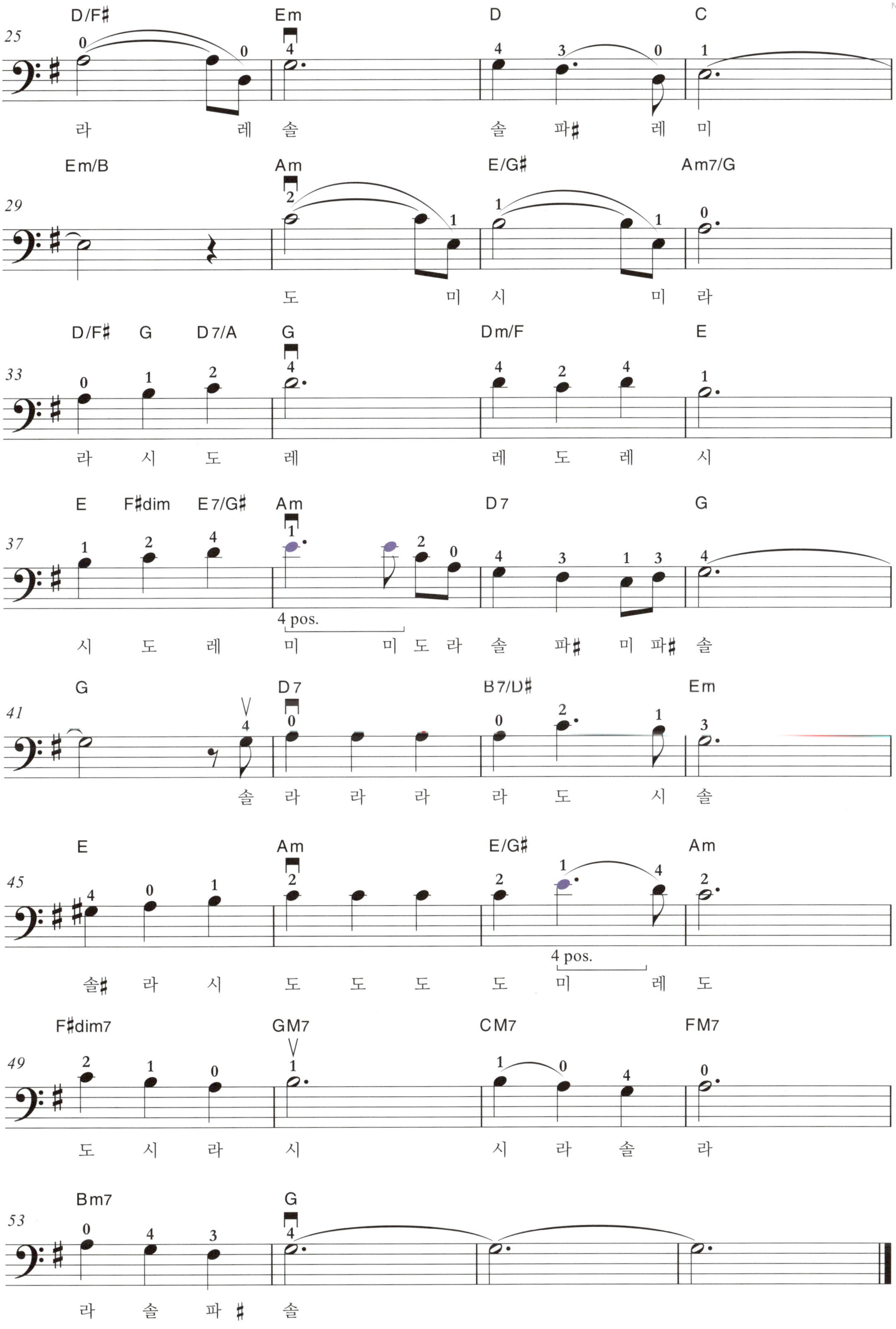
D/F♯ Em D C
라 레 솔 솔 파♯ 레 미
Em/B Am E/G♯ Am7/G
도 미 시 미 라
D/F♯ G D7/A G Dm/F E
라 시 도 레 레 도 레 시
E F♯dim E7/G♯ Am D7 G
4 pos.
시 도 레 미 미 도 라 솔 파♯ 미 파♯ 솔
G D7 B7/D♯ Em
솔 라 라 라 라 도 시 솔
E Am E/G♯ Am
4 pos.
솔♯ 라 시 도 도 도 도 미 레 도
F♯dim7 GM7 CM7 FM7
도 시 라 시 시 라 솔 라
Bm7 G
라 솔 파 ♯ 솔

아드리해의 푸른 하늘

HISAISHI JOE 작곡

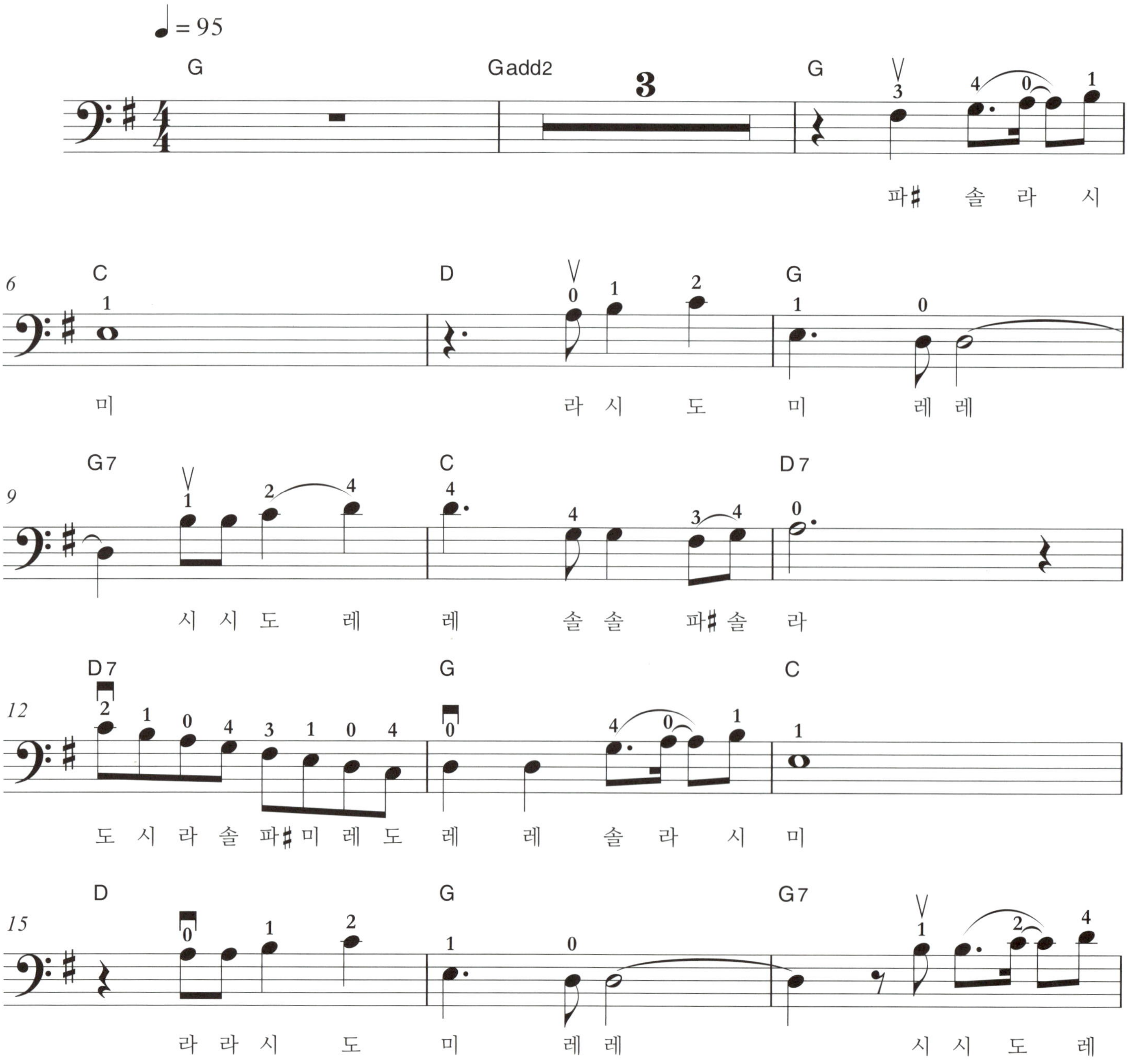

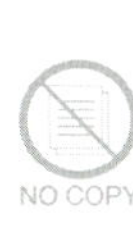

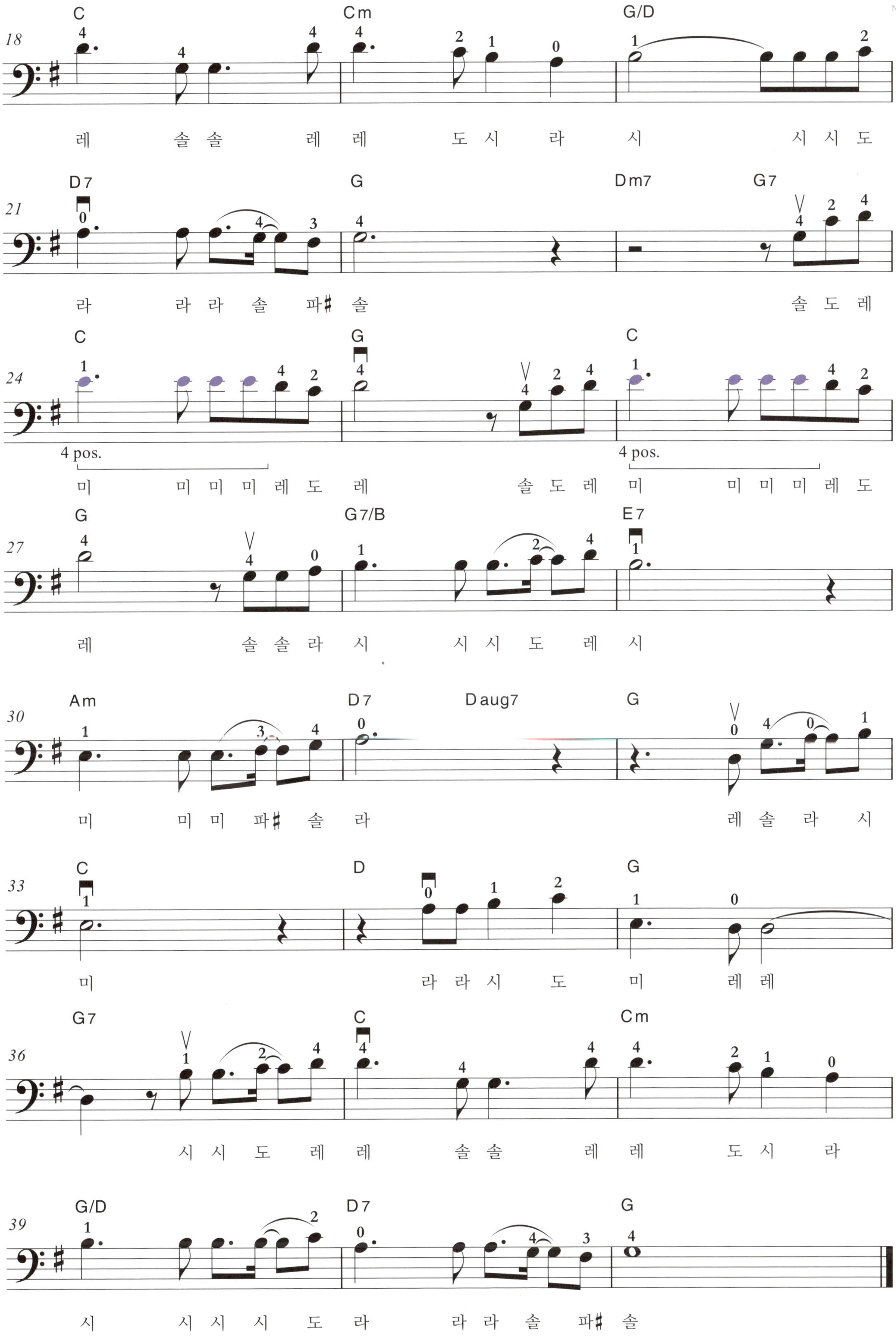
C Cm G/D
레 솔 솔 레 레 도 시 라 시 시 시 도
D7 G Dm7 G7
라 라 라 솔 파# 솔 솔 도 레
C G C
4 pos.
4 pos.
미 미 미 미 레 도 레 솔 도 레 미 미 미 미 레 도
G G7/B E7
레 솔 솔 라 시 시 시 도 레 시
Am D7 Daug7 G
미 미 미 파# 솔 라 레 솔 라 시
C D G
미 라 라 시 도 미 레 레
G7 C Cm
시 시 도 레 레 솔 솔 레 레 도 시 라
G/D D7 G
시 시 시 시 도 라 라 라 솔 파# 솔

어느 여름날

HISAISHI JOE 작곡

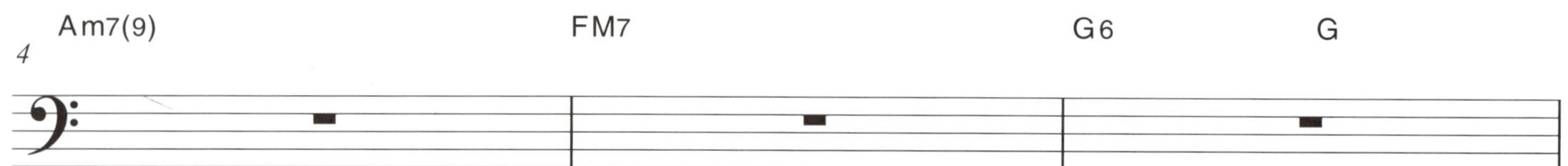

♩ = 80

FM7(11)　　　　　　G6(9)　　　　　　C9

Am7(9)　　　　　　FM7　　　　　　G6　　G

FM7　　　　　　G6　　　　　　CM9

Am7　　Am/G　　F9　　　　　　C6/E

Dm7　　　　　　Gsus4　　G7　　FM7(♯11)

G7sus4　　　　　　C6(9)

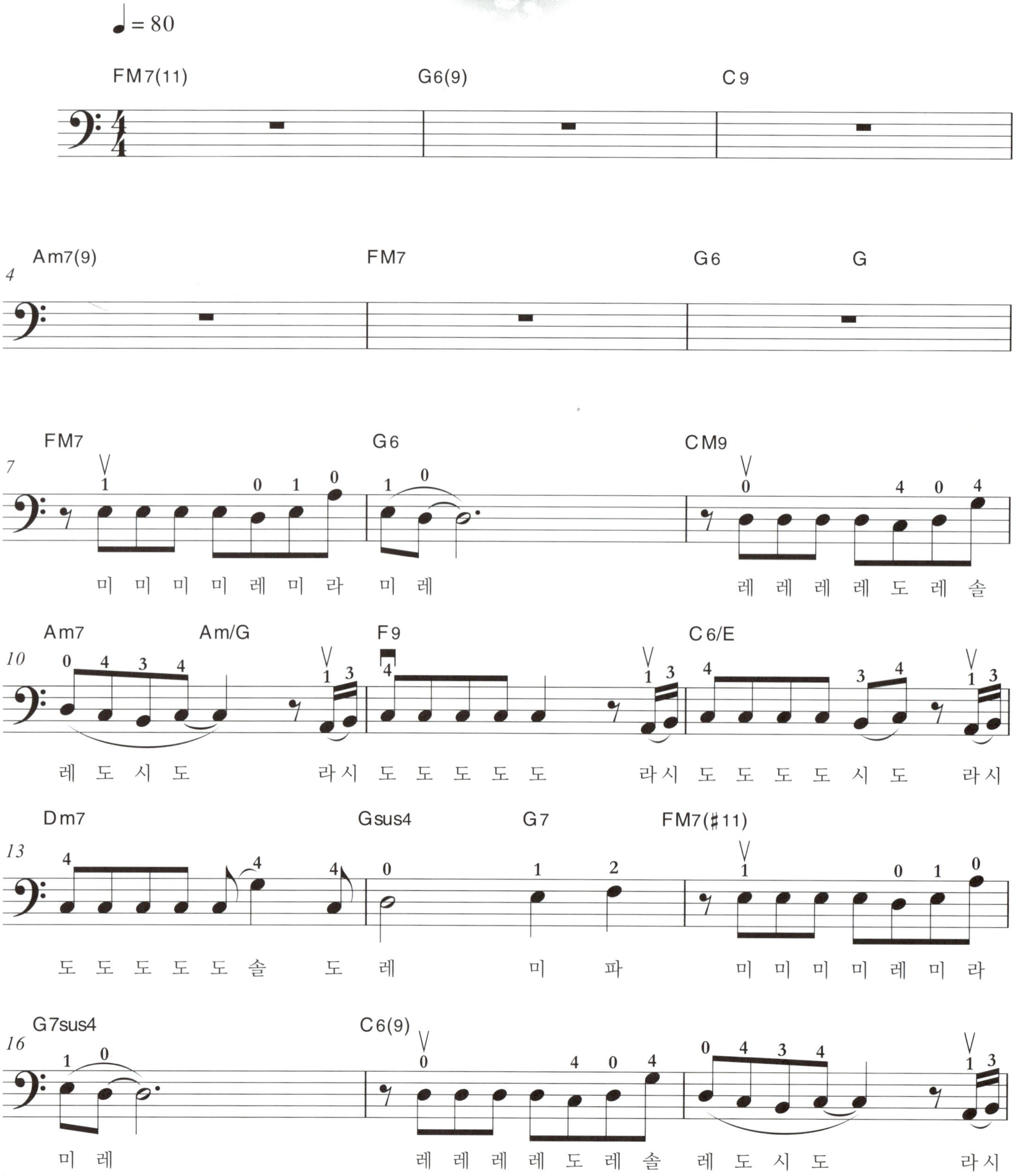

NO COPY

Dm7   C9   Fm7
19
도 도 도 도 도   라 시 도 도 도 도 시 도   라 시 도 도 도 도 도 솔   도

G7sus4   Em7/G   FM9   E7   Am   Gm7   C7
22
레   미   파   솔 솔   솔   파 미 레   레 미 레 도   미 파

FM9   E7   Am7   D9
25
솔 솔 솔 솔 솔 파 미 레   레 미   도 레 미   라 도

G7sus4   G   D9   G
28
도 레 미   라 도   라 시

Am   Em/G   F   C/E   Cm/E♭   Dm7(♭5)
31
도 도 레 도 시   미 솔   라 라 솔 파 솔   솔 솔 파 파 미♭ 파   도 파

D♭7   Gsus4   G   Am   Em/G   F   C/E
34
3 pos.
솔   라♭ 솔   라 시 도 도 레 도 시   미 솔   라 라 솔 파 솔   솔

Cm/E♭   Dm7   B♭m/D♭   Caug   Fm   Fm/E♭
37
3 pos.   4 pos.
솔 파 파 미♭ 파   솔 라♭   시♭ 라♭ 라♭ 솔 라♭   솔 라♭ 시♭ 도   라♭ 시♭

Dm7(♭5)   Dm7   G7   FM9
40
도   도 시 도 레   솔 도 시 도

또 다시

HISAISHI JOE 작곡

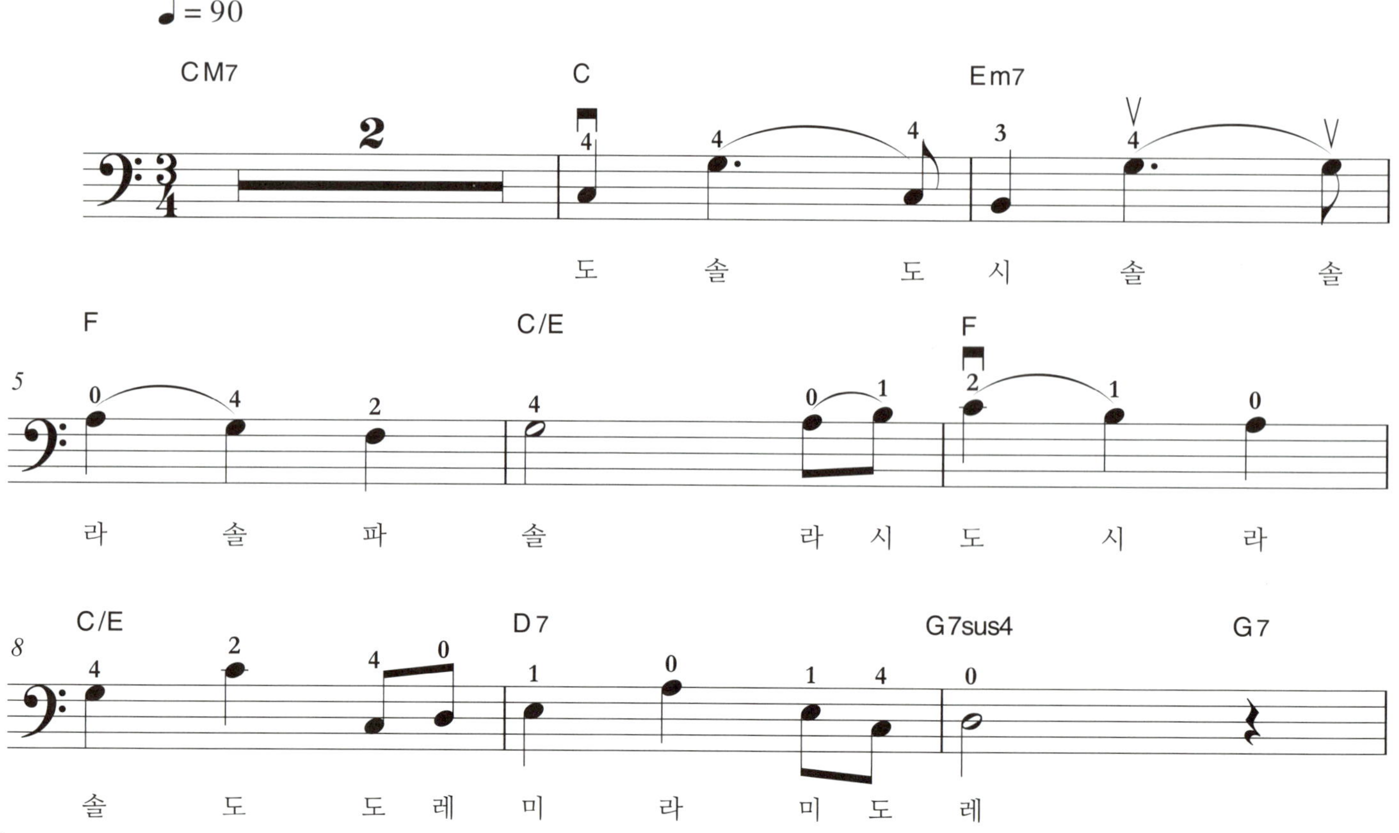

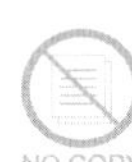

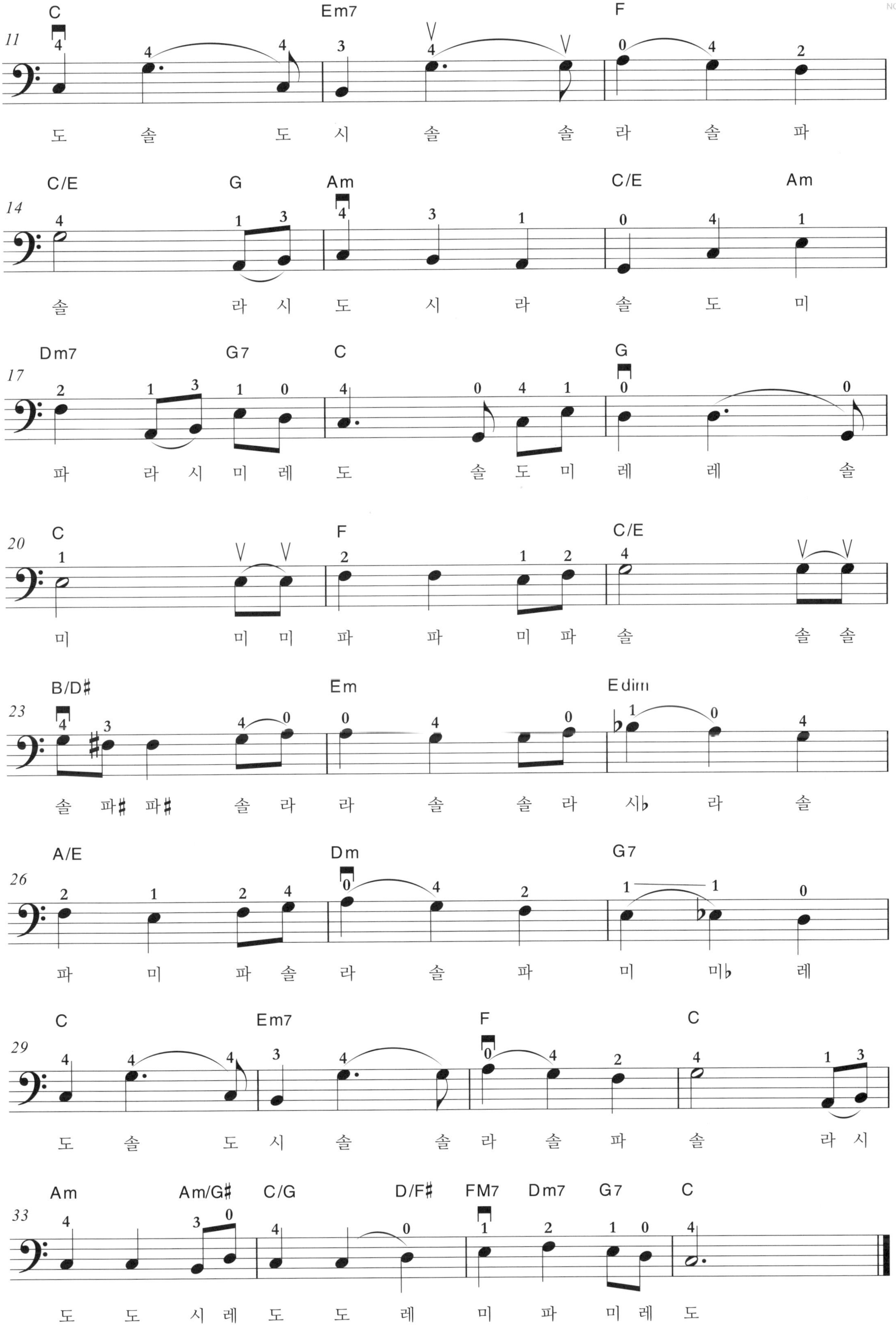
C Em7 F
도 솔 도 시 솔 솔 라 솔 파
C/E G Am C/E Am
솔 라 시 도 시 라 솔 도 미
Dm7 G7 C G
파 라 시 미 레 도 솔 도 미 레 레 솔
C F C/E
미 미 미 파 파 미 파 솔 솔 솔
B/D♯ Em Edim
솔 파♯ 파♯ 솔 라 라 솔 솔 라 시♭ 라 솔
A/E Dm G7
파 미 파 솔 라 솔 파 미 미♭ 레
C Em7 F C
도 솔 도 시 솔 솔 라 솔 파 솔 라 시
Am Am/G♯ C/G D/F♯ FM7 Dm7 G7 C
도 도 시 레 도 도 레 미 파 미 레 도

언제나 몇 번이라도

KIMURA YUMI 작곡

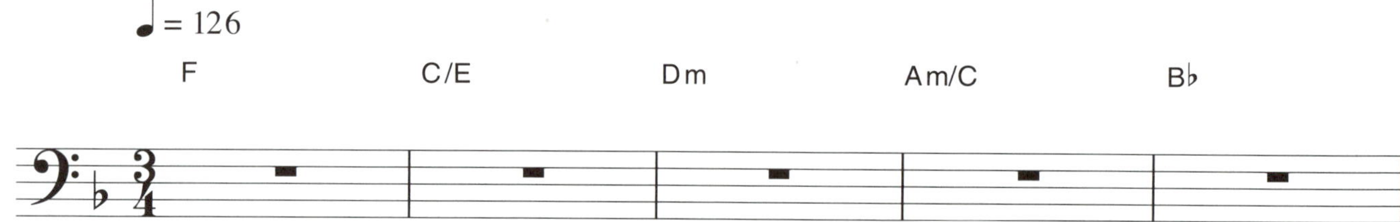

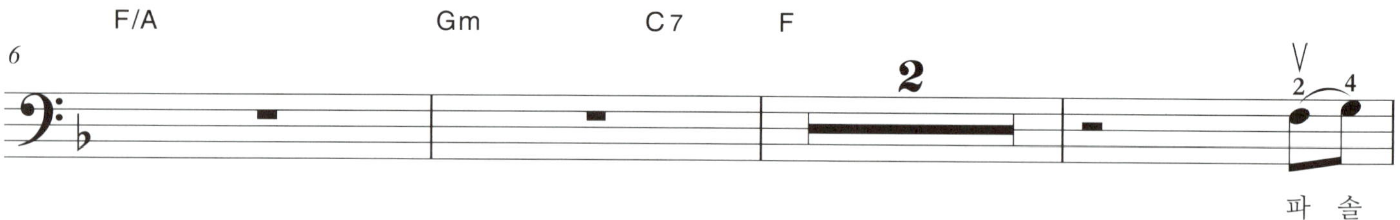

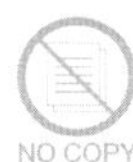

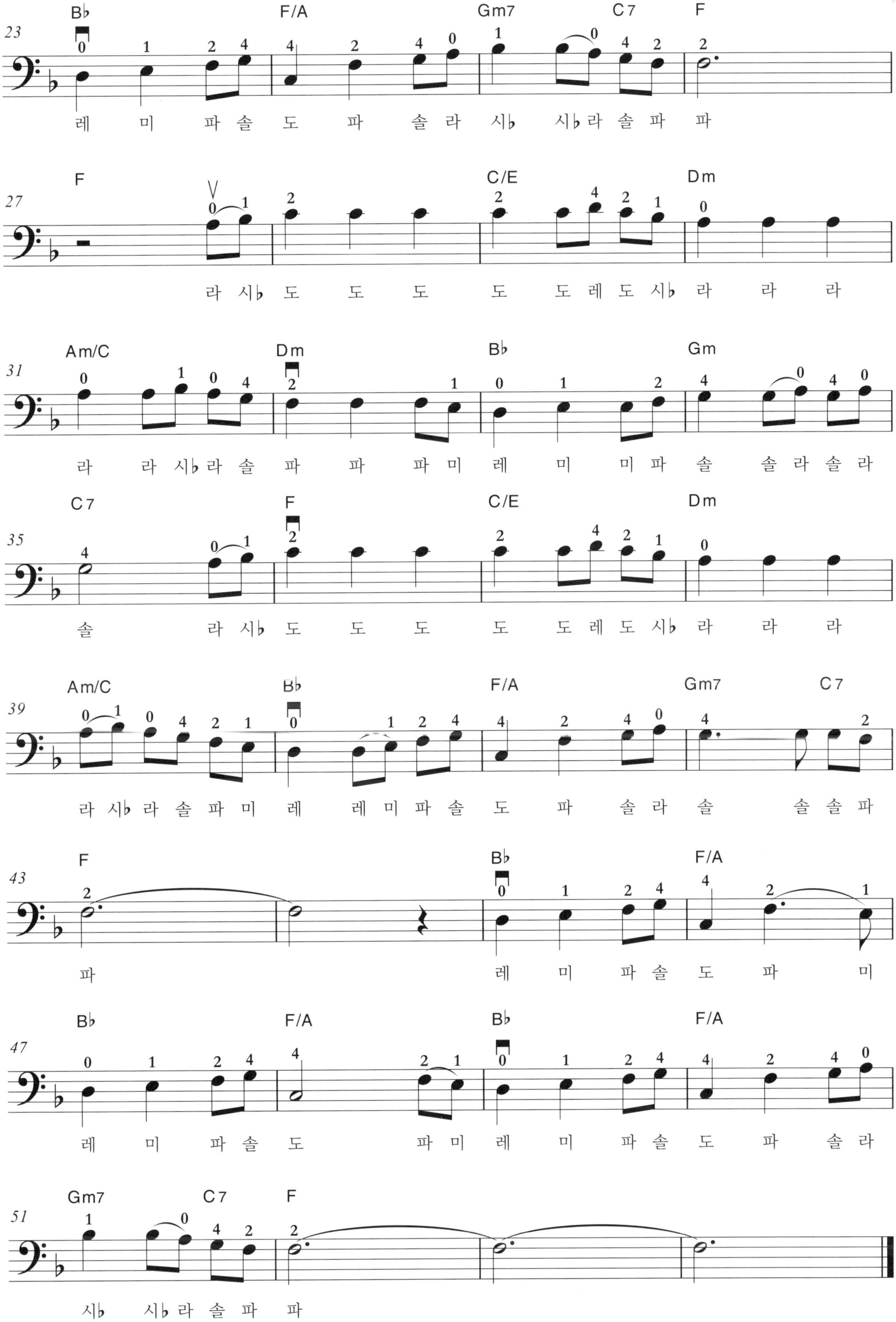
B♭ F/A Gm7 C7 F
레 미 파 솔 도 파 솔 라 시♭ 시♭ 라 솔 파 파
F C/E Dm
라 시♭ 도 도 도 도 도 레 도 시♭ 라 라 라
Am/C Dm B♭ Gm
라 라 시♭ 라 솔 파 파 파 미 레 미 미 파 솔 솔 라 솔 라
C7 F C/E Dm
솔 라 시♭ 도 도 도 도 도 레 도 시♭ 라 라 라
Am/C B♭ F/A Gm7 C7
라 시♭ 라 솔 파 미 레 레 미 파 솔 도 파 솔 라 솔 솔 솔 파
F B♭ F/A
파 레 미 파 솔 도 파 미
B♭ F/A B♭ F/A
레 미 파 솔 도 파 미 레 미 파 솔 도 파 솔 라
Gm7 C7 F
시♭ 시♭ 라 솔 파 파

고양이 버스

HISAISHI JOE 작곡

♩ = 138

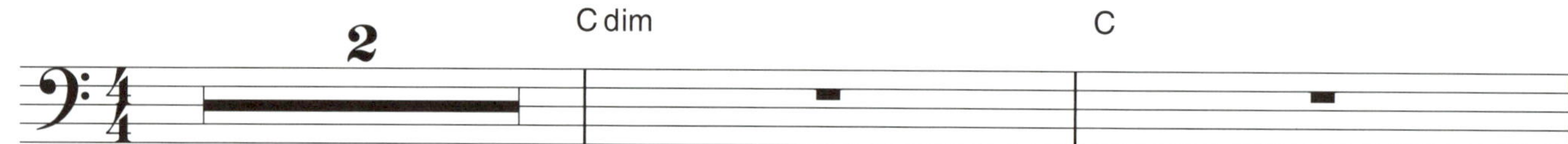

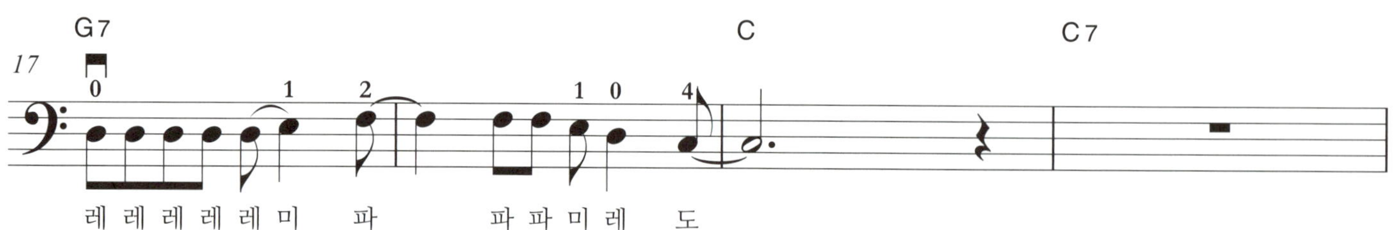

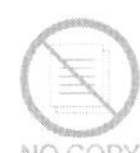

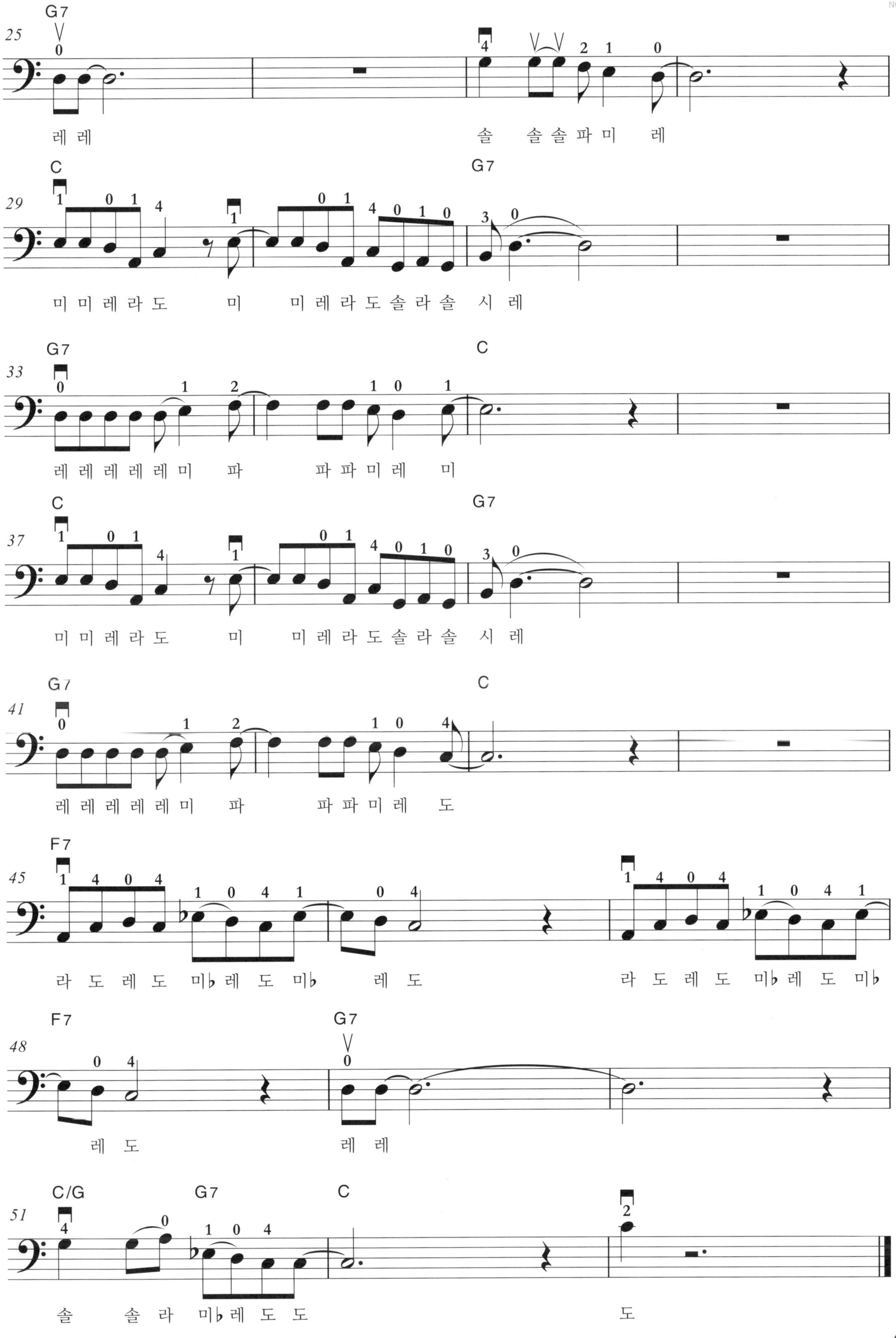
G7
레 레
솔 솔 솔 파 미 레
C G7
미 미 레 라 도 미 미 레 라 도 솔 라 솔 시 레
G7 C
레 레 레 레 레 미 파 파 파 미 레 미
C G7
미 미 레 라 도 미 미 레 라 도 솔 라 솔 시 레
G7 C
레 레 레 레 레 미 파 파 파 미 레 도
F7
라 도 레 도 미♭ 레 도 미♭ 레 도 라 도 레 도 미♭ 레 도 미♭
F7 G7
레 도 레 레
C/G G7 C
솔 솔 라 미♭ 레 도 도 도

메이가 없다

HISAISHI JOE 작곡

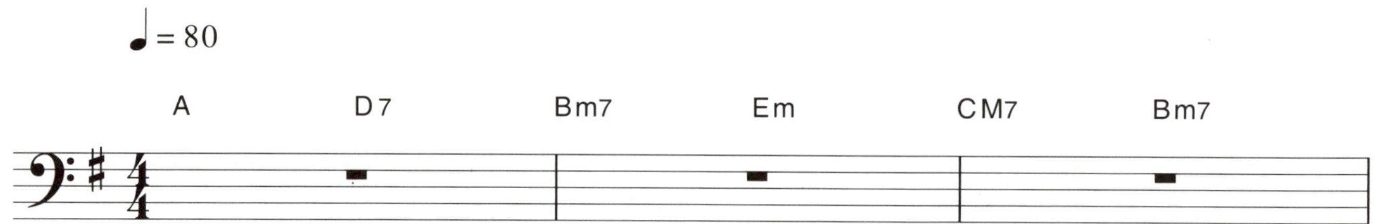

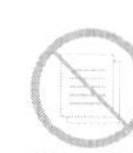

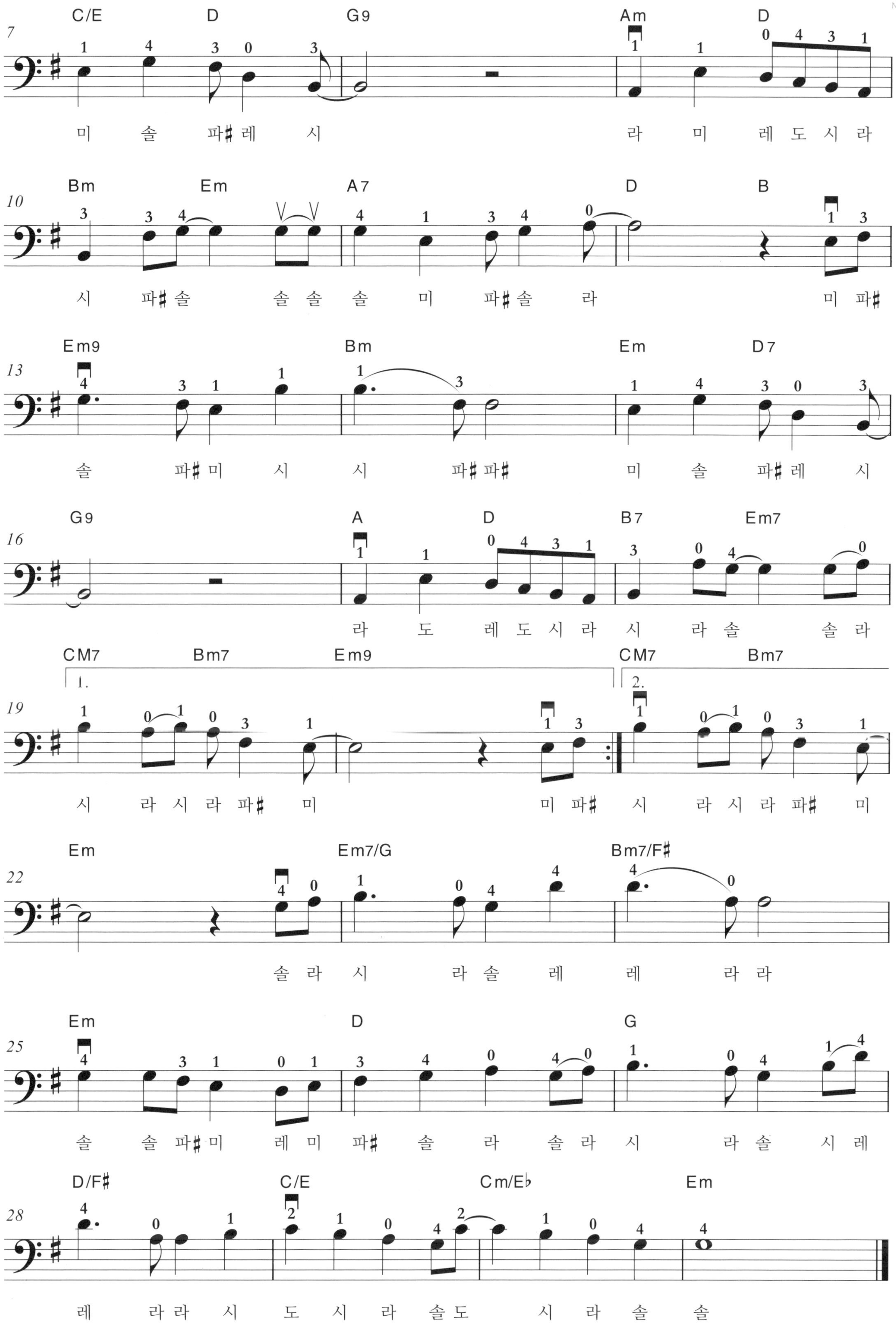
C/E D G9 Am D
미 솔 파♯ 레 시 라 미 레 도 시 라
Bm Em A7 D B
시 파♯ 솔 솔 솔 솔 미 파♯ 솔 라 미 파♯
Em9 Bm Em D7
솔 파♯ 미 시 시 파♯ 파♯ 미 솔 파♯ 레 시
G9 A D B7 Em7
라 도 레 도 시 라 시 라 솔 솔 라
CM7 Bm7 Em9 CM7 Bm7
1.
2.
시 라 시 라 파♯ 미 미 파♯ 시 라 시 라 파♯ 미
Em Em7/G Bm7/F♯
솔 라 시 라 솔 레 레 라 라
Em D G
솔 솔 파♯ 미 레 미 파♯ 솔 라 솔 라 시 라 솔 시 레
D/F♯ C/E Cm/E♭ Em
레 라 라 시 도 시 라 솔 도 시 라 솔 솔

멜로디 & 반주

바람이 지나가는 길

HISAISHI JOE 작곡

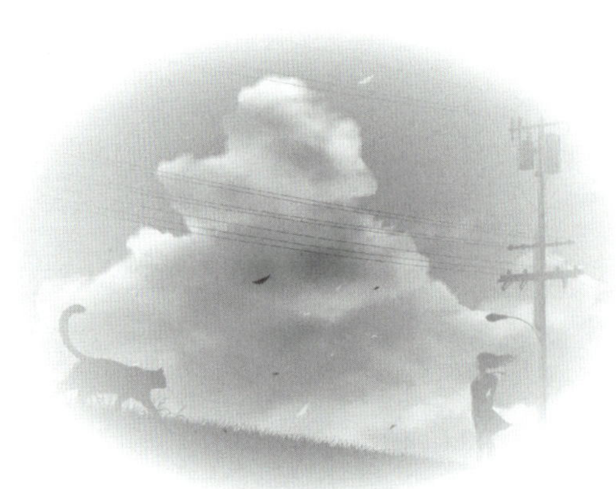

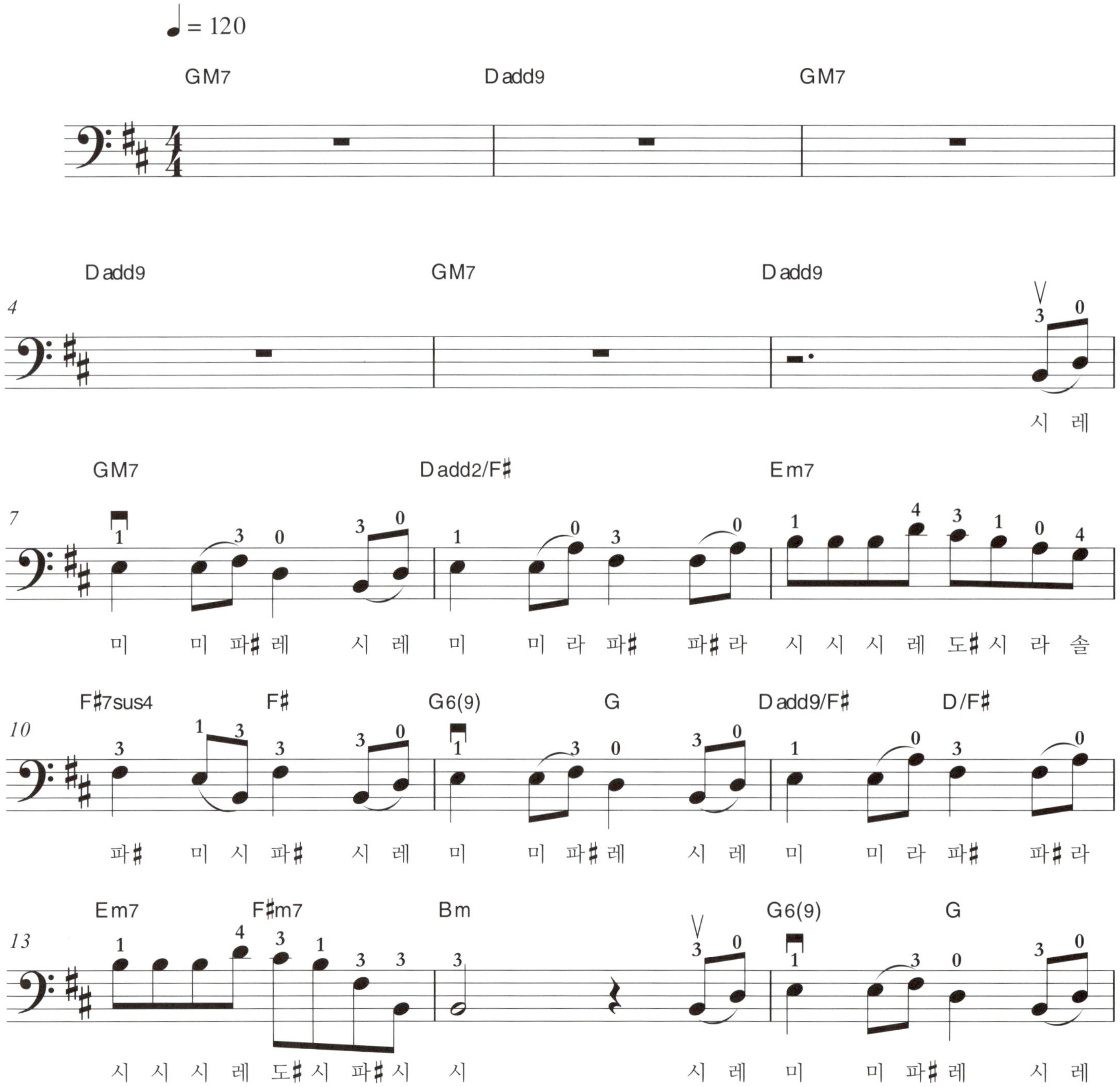

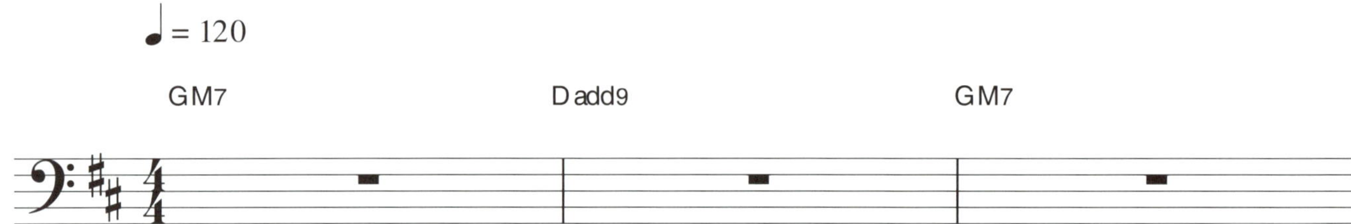

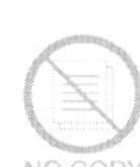

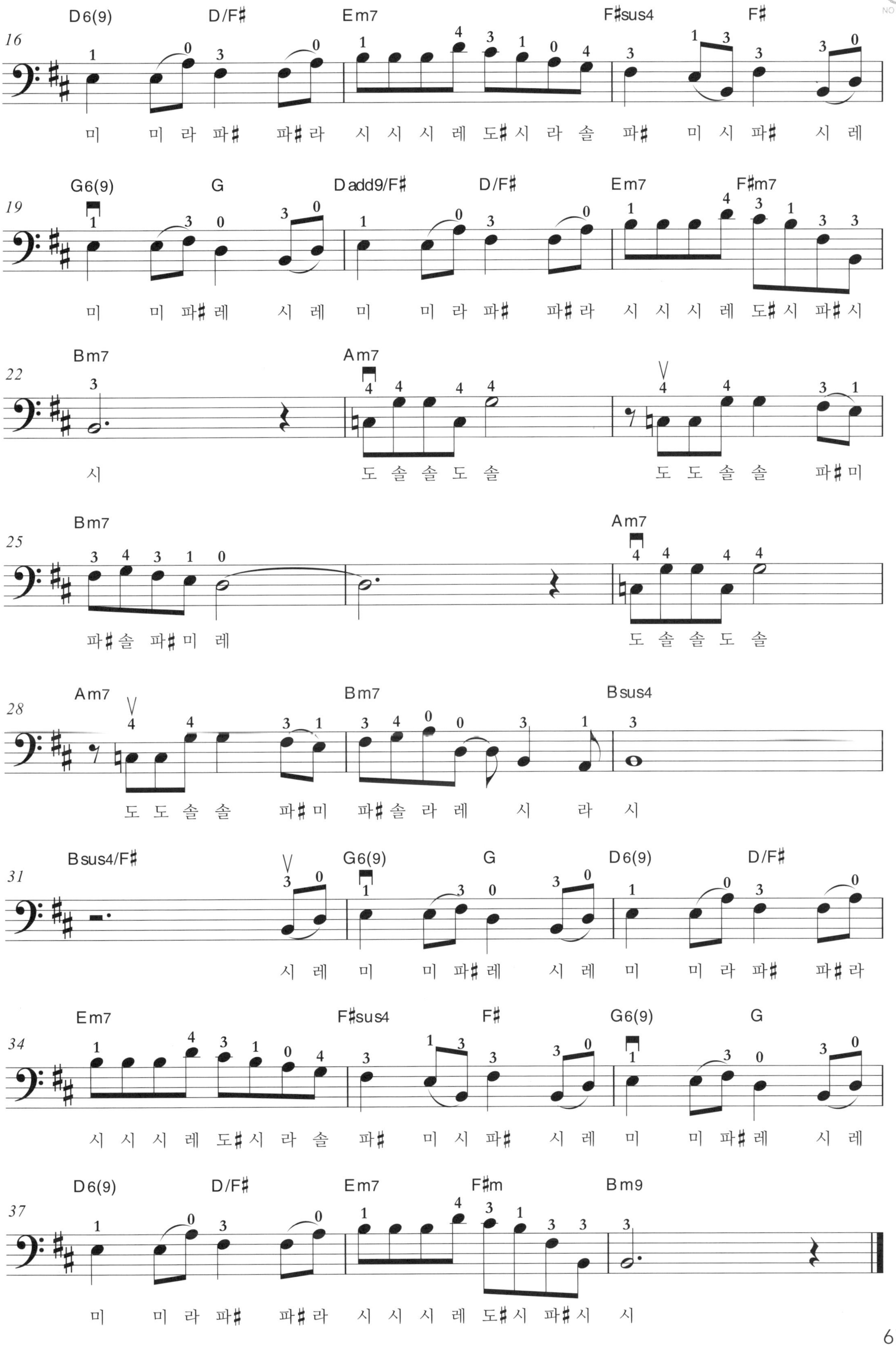
D6(9) D/F♯ Em7 F♯sus4 F♯
16
미 미 라 파♯ 파♯ 라 시 시 시 레 도♯ 시 라 솔 파♯ 미 시 파♯ 시 레
G6(9) G Dadd9/F♯ D/F♯ Em7 F♯m7
19
미 미 파♯ 레 시 레 미 미 라 파♯ 파♯ 라 시 시 시 레 도♯ 시 파♯ 시
Bm7 Am7
22
시 도 솔 솔 도 솔 도 도 솔 솔 파♯ 미
Bm7 Am7
25
파♯ 솔 파♯ 미 레 도 솔 솔 도 솔
Am7 Bm7 Bsus4
28
도 도 솔 솔 파♯ 미 파♯ 솔 라 레 시 라 시
Bsus4/F♯ G6(9) G D6(9) D/F♯
31
시 레 미 미 파♯ 레 시 레 미 미 라 파♯ 파♯ 라
Em7 F♯sus4 F♯ G6(9) G
34
시 시 시 레 도♯ 시 라 솔 파♯ 미 시 파♯ 시 레 미 미 파♯ 레 시 레
D6(9) D/F♯ Em7 F♯m Bm9
37
미 미 라 파♯ 파♯ 라 시 시 시 레 도♯ 시 파♯ 시 시

산책

HISAISHI JOE, NAKAGAWA RIEKO 작곡

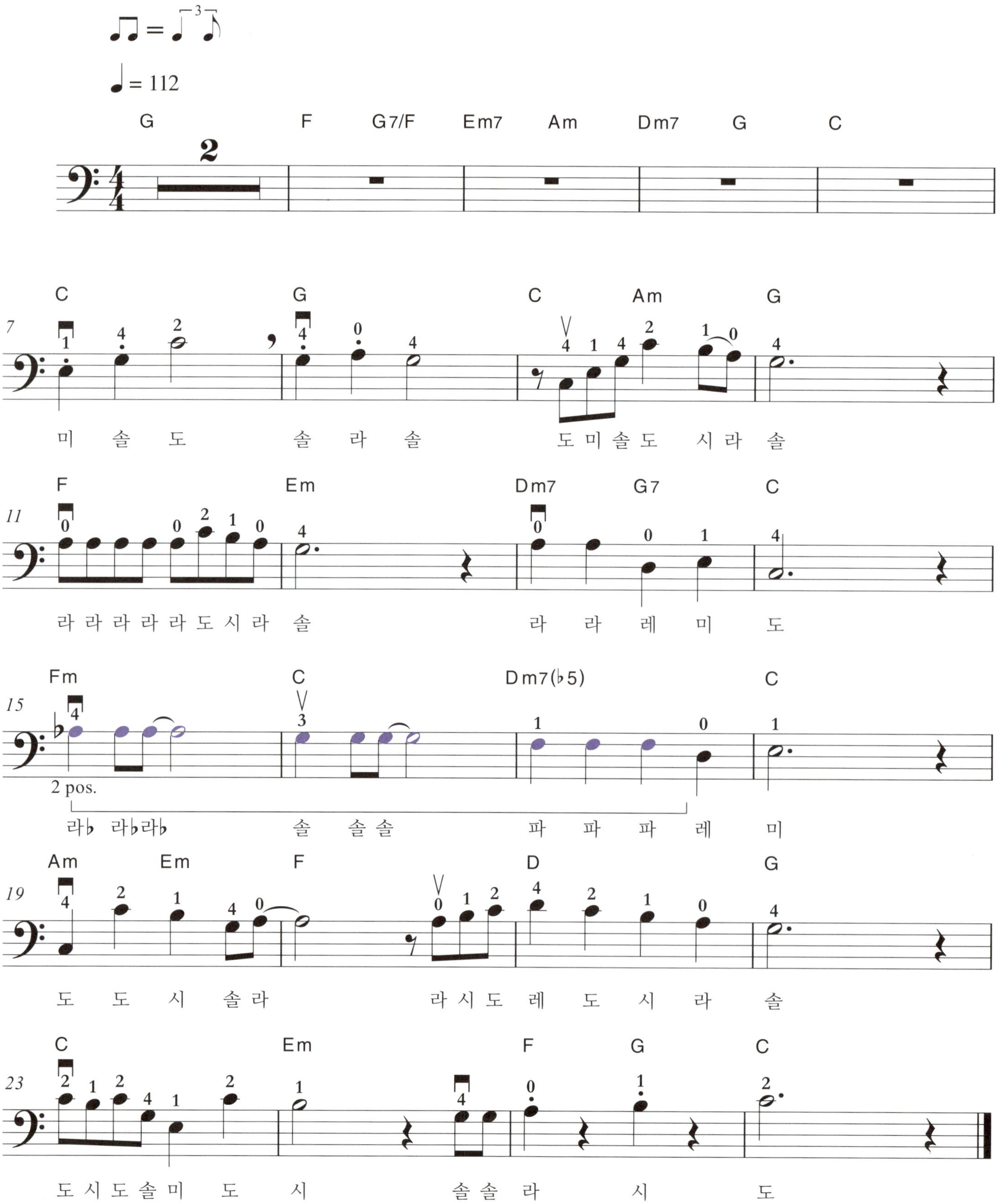

오월의 마을

HISAISHI JOE 작곡

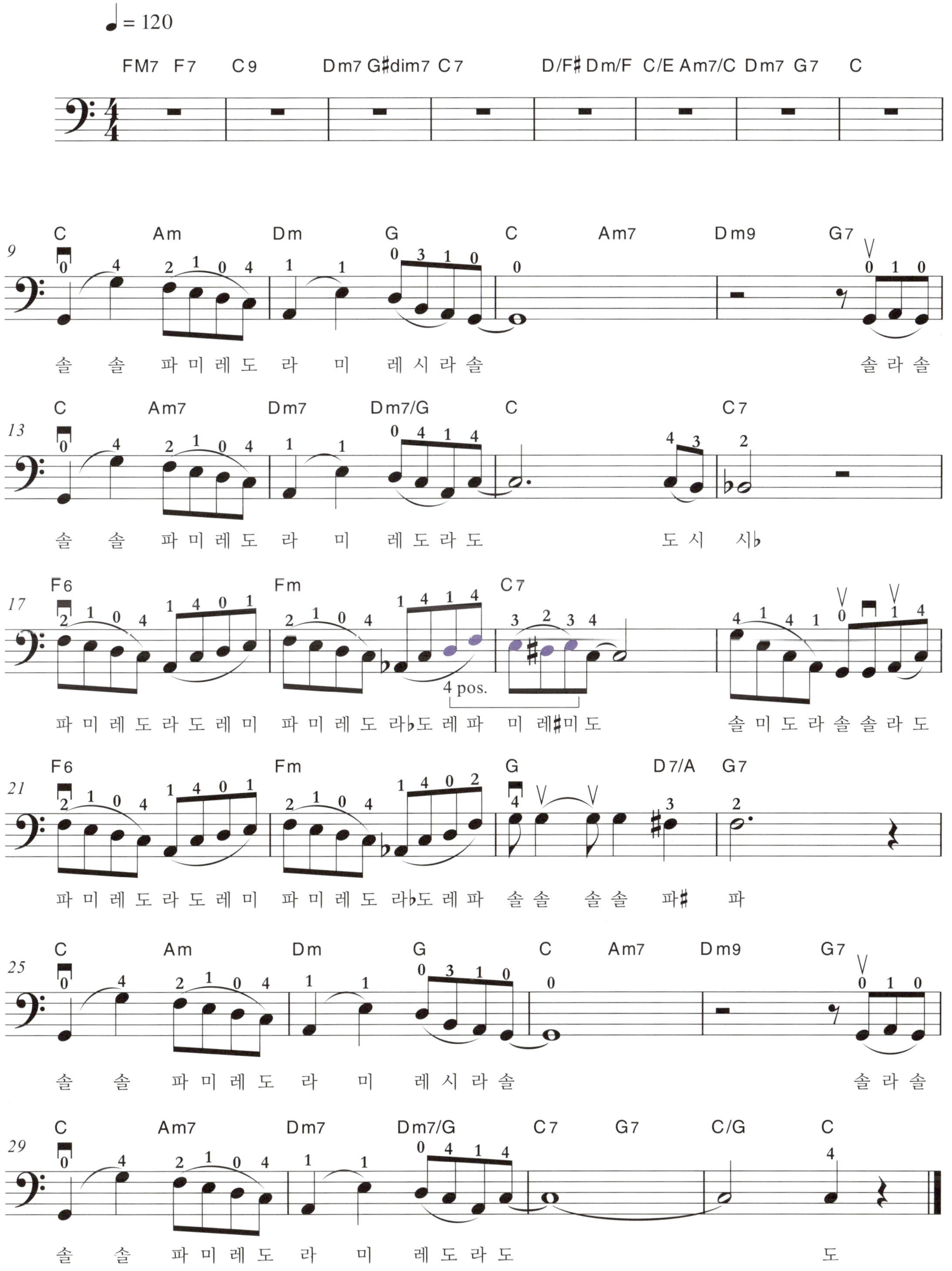

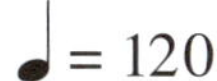

이웃집 토토로

HISAISHI JOE 작곡

멜로디 & 반주

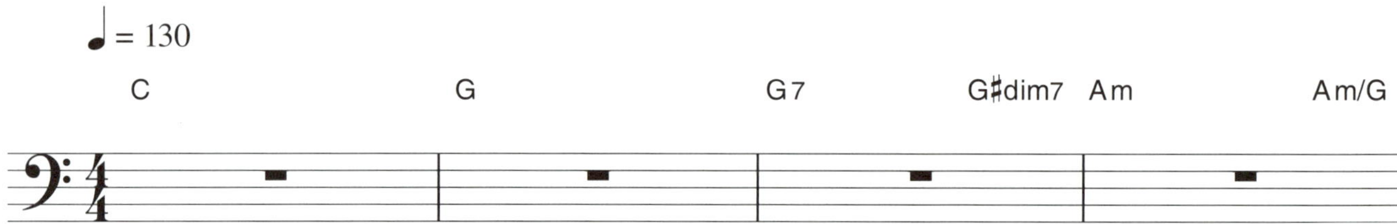

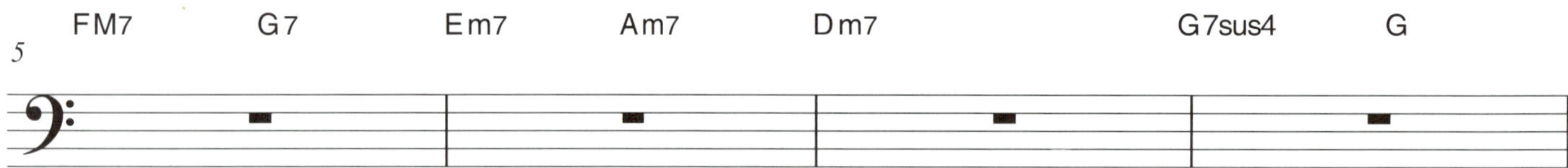

NO COPY

Dm
Fm
C/G
A
21
파 파 파 파 파 미 레 파
레 미 파 미 미
미 레 도 미
F
Gsus4
25
라 시 도 레 라
라 시
도 레 도 솔
도 레 미 파
C
G7/D
G7
G#dim
Am
29
솔 미 도 솔 파 레
파 레 시 파 미 도
Fm7
Em
Am
Dm7
33
라♭ 도 파
미 미 솔 도
미 파 미 파 미 파 미 도 레
G
C
Dm
36
도 레 미 파 솔 미 도 솔 파 레
G7
G#dim
Am
Am/G
F
G7/F
39
파 레 시 파 미 도
라 라 솔 파 미 파
Em
Am7
F
Gsus4
42
솔 도 도 미 파 미 도 파 미 도 라 솔
Gsus4
G7
C
45
솔 솔 파 미 레 미 도

너를 태우고

HISAISHI JOE, MIYAZAKI HAYAO 작곡

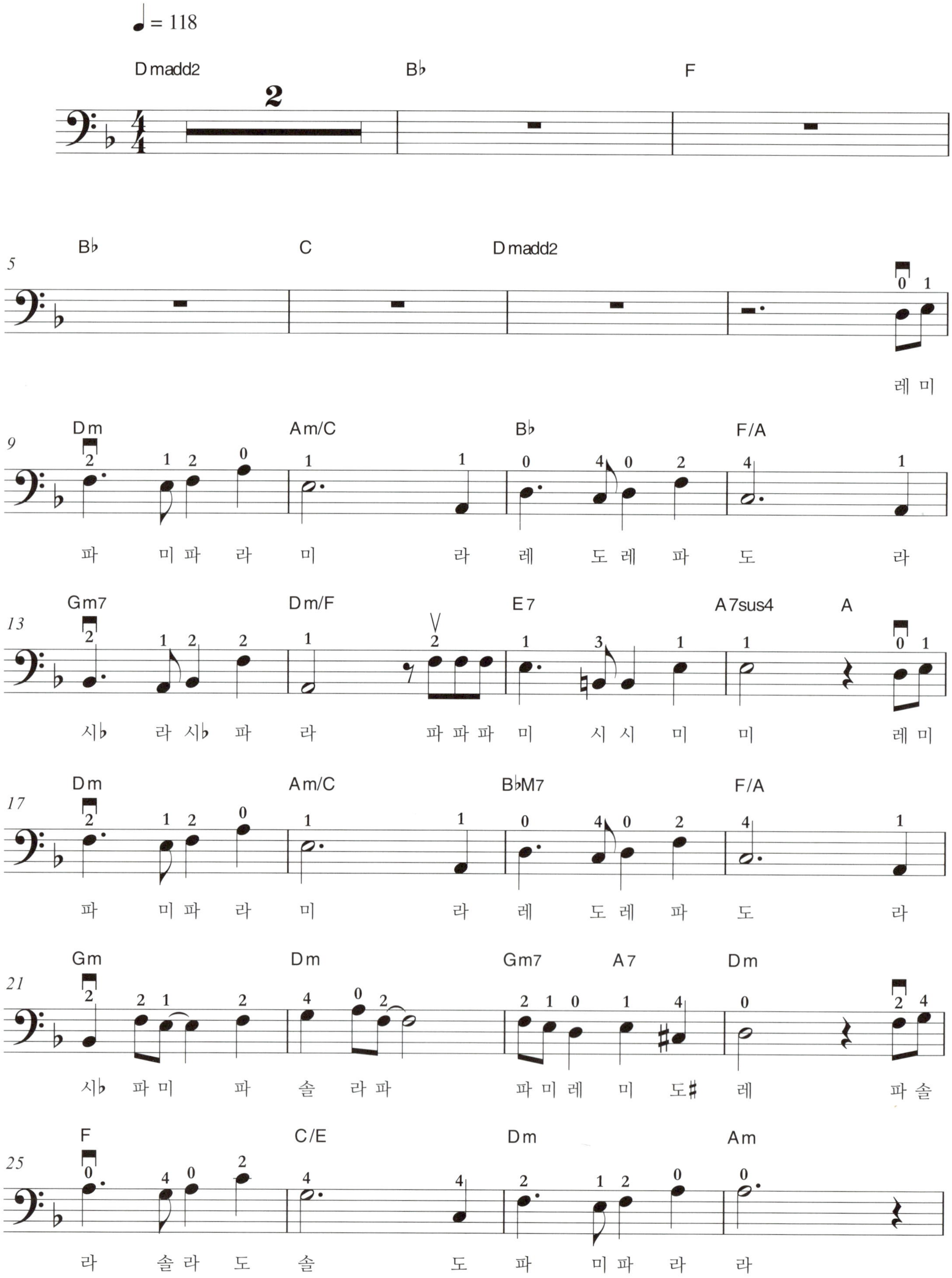

NO COPY

29
B♭   C7/B♭   F/A   Gm7
레 미 파 미 파 솔 파 도 도 시♭ 라 솔 파

32
Asus4   A   Dm   F
라   라 레   도 도

35
B♭   C   F   A/E
라 솔 파 파 솔 파 솔 도 라   라

38
Dm   B♭   C
레   도 라 솔 파 파 솔 파 솔 미

41
Dm   Am7   B♭M7
레   레 미 파 미 파 라 미   라 레 도 레 파

45
F/A   Gm7   Dm   E7
도   라 시♭ 라 시♭ 파 라 파 파 파 미 시 시 미

49
Asus4   A   Dm   Am   B♭M7
미   레 미 파 미 파 라 미   라 레 도 레 파

53
F/A   Gm7   Dm   Gm7 A7 Dm
도   라 시♭ 파 미 파 솔 라 파 파 미 레 미 도# 레

비둘기와 소년

HISAISHI JOE 작곡

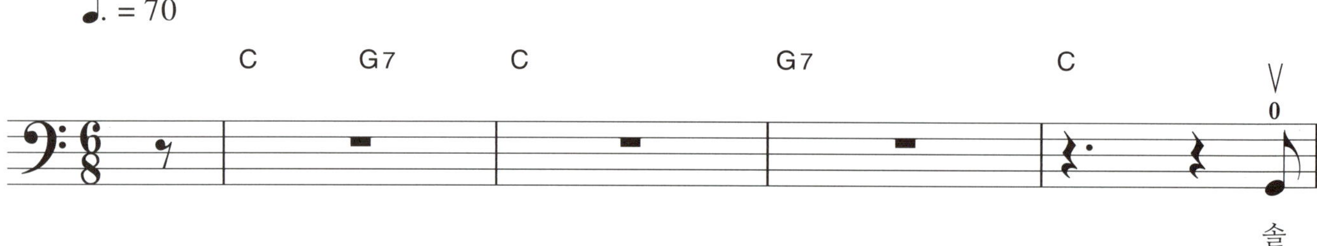

시타의 결의

HISAISHI JOE 작곡

멜로디 & 반주

사랑은 꽃 당신은 그 씨앗

AMANDA MCBROOM 작곡

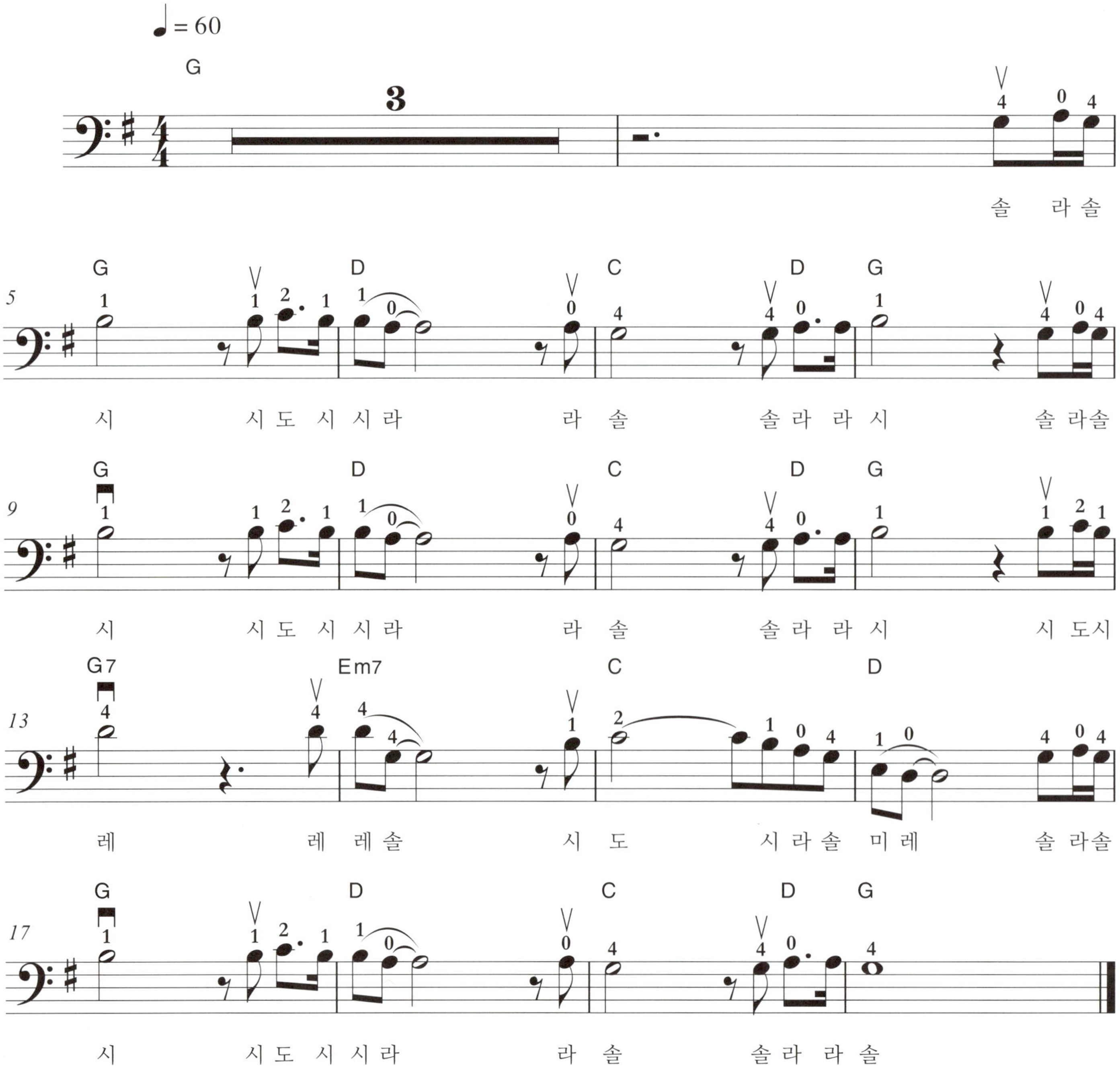

아침밥의 노래

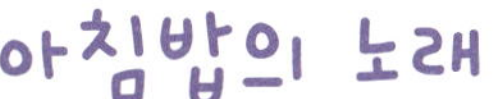

KOUICHI SAKATA 작곡

♩ = 125

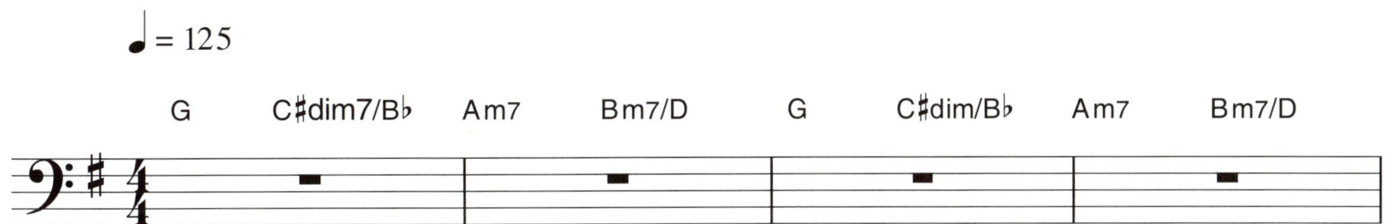

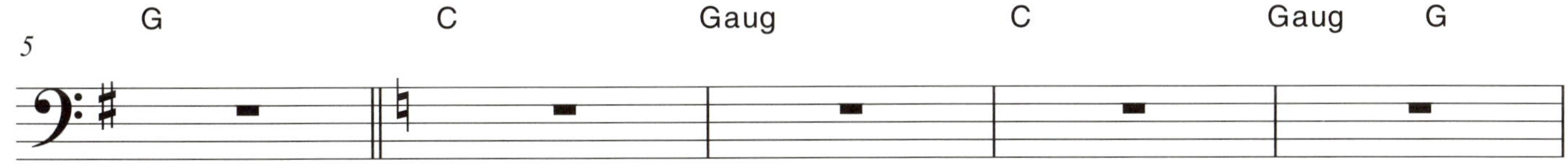

NO COPY

C
Gaug
미 미 솔 솔 라 라 솔 솔 미♭ 미♭ 솔 솔 라 솔

C
A7
도 도 도 시 시 라 솔 미 미

Dm7
Fm6
2 pos.
레 레 파 파 솔 솔 파 파 솔# 솔# 솔 솔 파 파 레 레

C
Am7
G7
C
4 pos.
미 미 미 라 도 미 미♭ 레 도

F7
C
라 도 레 미♭ 미♭ 레 도 라 솔 파# 솔 라

Cm7
D7
미♭ 레 도 레 도 레 레 라 라 라 레 레

G7
C
4 pos.
솔 솔 솔 솔 라 라 솔 시 시♭ 라 솔 도 레 도

E
A7
D
D7
시 라 시 미 라 라 시♭ 라 솔 솔 파

G7
30
레 미 파 솔
레 미 파 솔
Dm
G7
레미 파 솔 솔 라 솔

Dm7
C
33
파 미 레 도
Em7
A7
도 도 시 시
라 솔 라 미

Dm7
36
레 레 레 도
G
4 pos.
시 시♭ 라 솔
C
Em7
도 도 시 시

A7
39
라 솔 라 미
Dm7
G
G7(♯5)
레 미 파 파♯ 솔 솔 미 도

C
42
도 레 도
E
시 라 시 미
A7
라 라 시♭ 라

D7sus4
Dm7
45
솔 솔 파
G7
레 미 파 솔
레 미 파 솔

Dm
G7
48
G7
C
Em7
레 미 파 솔 솔 라
3 pos.
솔 미 미♭ 레 도
도 도 시 시

A7
51
라 솔 라 미
Dm7
G
C
레 미 파 파♯ 솔 솔 미 도
도

위를 향해 걷자

TANIYAMA HIROKO, JASRAC 작곡

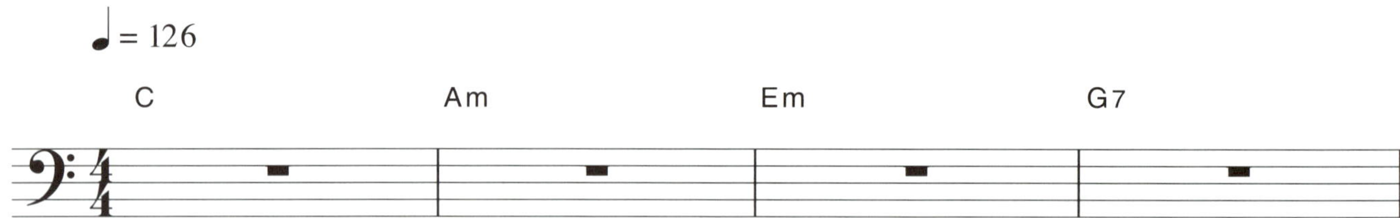

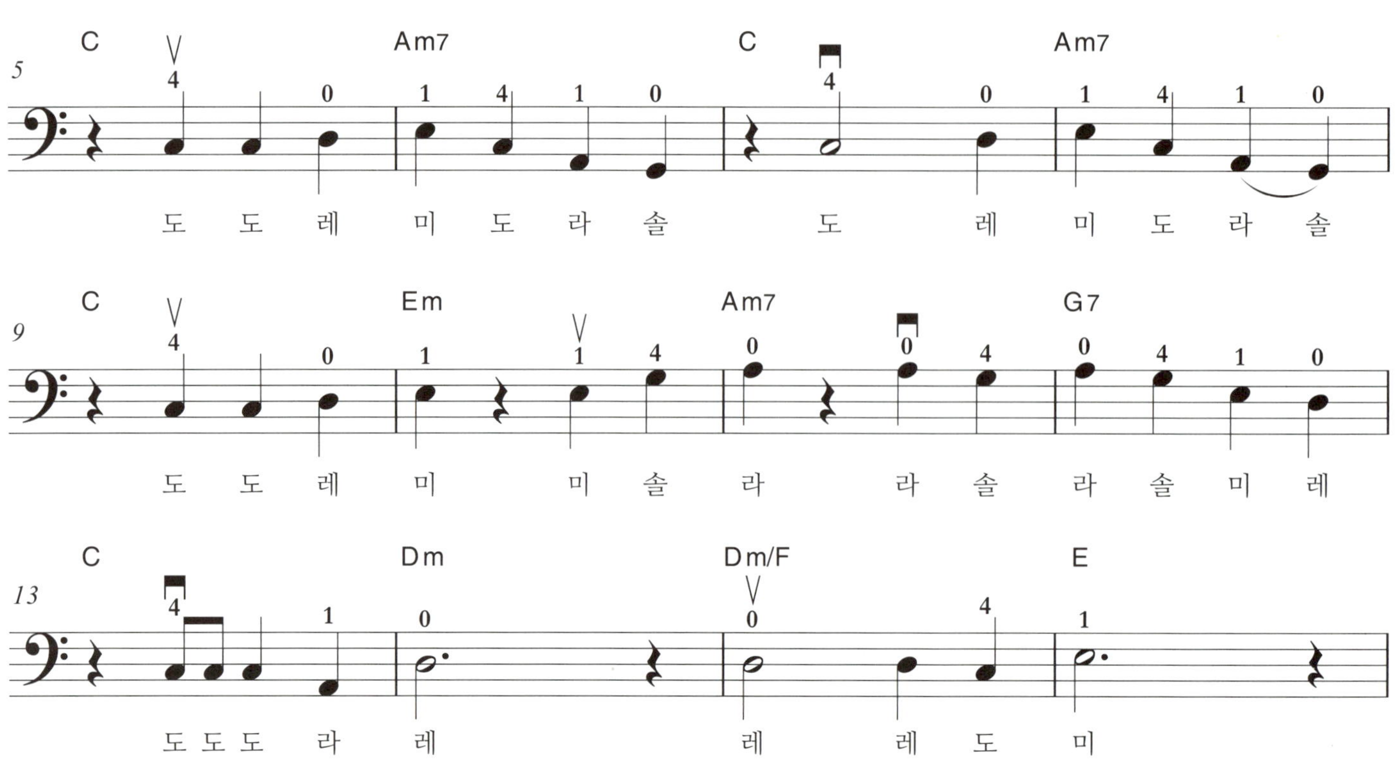

도 도 라 솔 미 도 라 도 도
파 파 파 솔 라 파 라 솔 솔 미 솔
파 파 파 솔 라 파 라 솔 미 도 레
도 도 레 미 도 라 솔 도 레 미 도 라 솔
도 도 레 미 미 솔 라 라 솔 라 솔 미 레
도 도 도 라 레 레 레 도 미
도 도 라 솔 미 도 라 도 도
도 도 라 솔 미 도 라 도 도 도

이별의 여름

HACHIDAI NAKAMURA 작곡

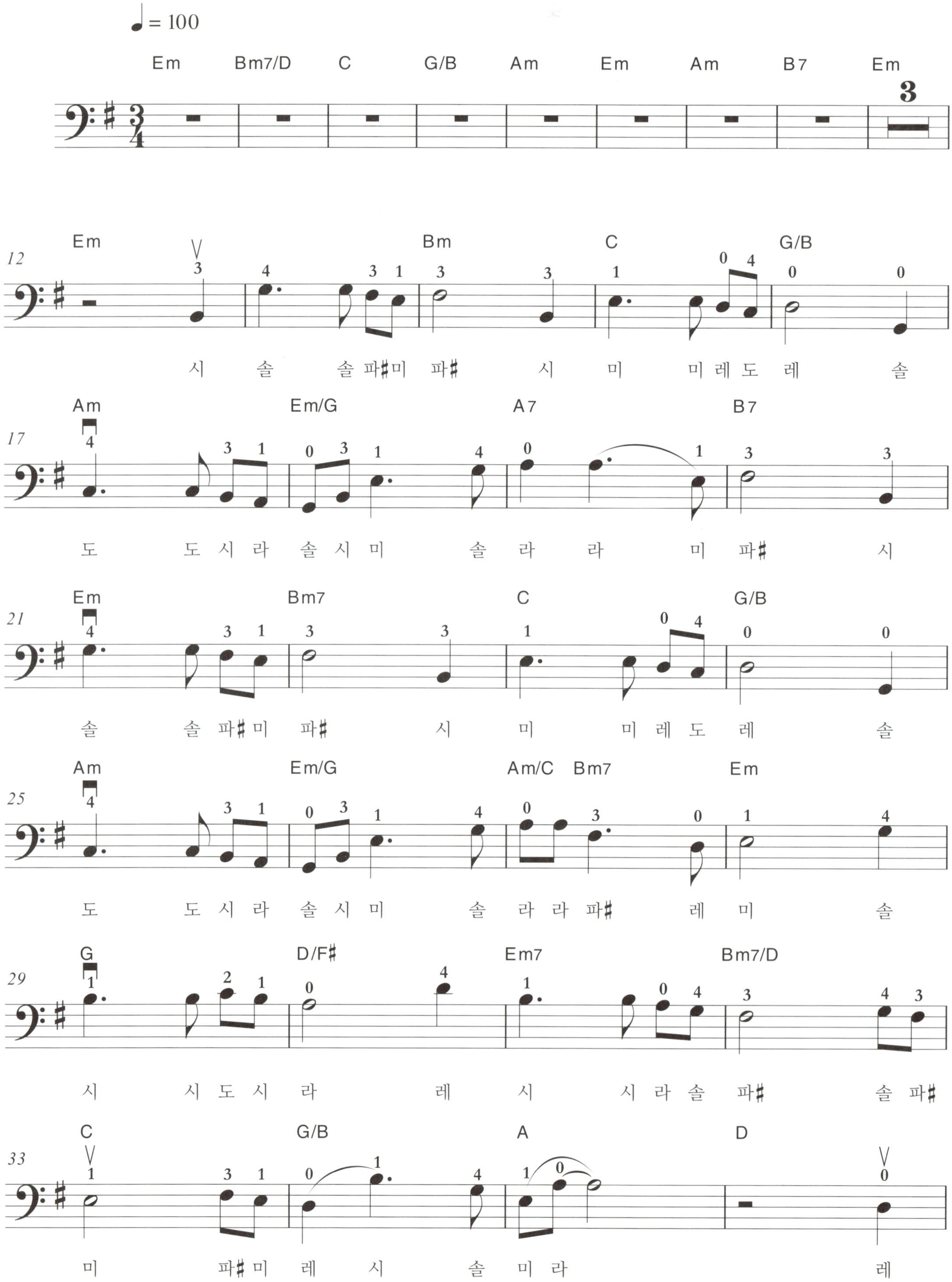

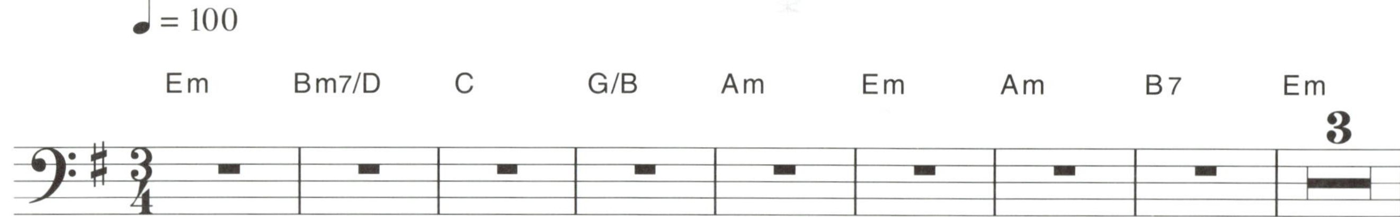

언제나 누군가가

KOURYUU 작곡

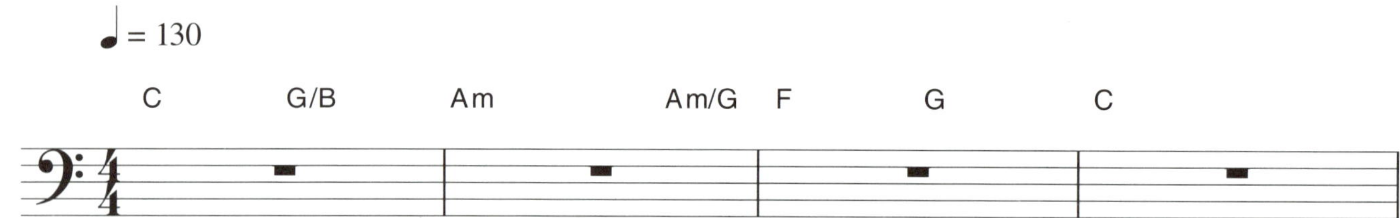

Am   Am/G   F   C/E   Dm   G
도 파파파파미레도레   솔
C   G/B   Am   Am/G   F   G
미미미미레레레도   솔 라도도솔미레도도
C   E♭   Dm
미♭   미♭미♭파   솔 레 미♭레
Cm   B♭   E♭
도 도 도시♭도레   미♭   미♭미♭파
Gm   F   Gsus4
솔 레 미♭레   도 도도도시♭도 도 레
G   C   G/B   Am   Am/G
레   미미미미레레레도   도
F   C/E   Dm   G7   C   G/B
파파파파미레도레   솔 미미미미레레레도
Am   Am/G F   G   C
솔 라도도솔미레도도

세계의 약속

KIMURA YUMI 작곡

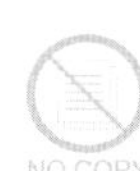

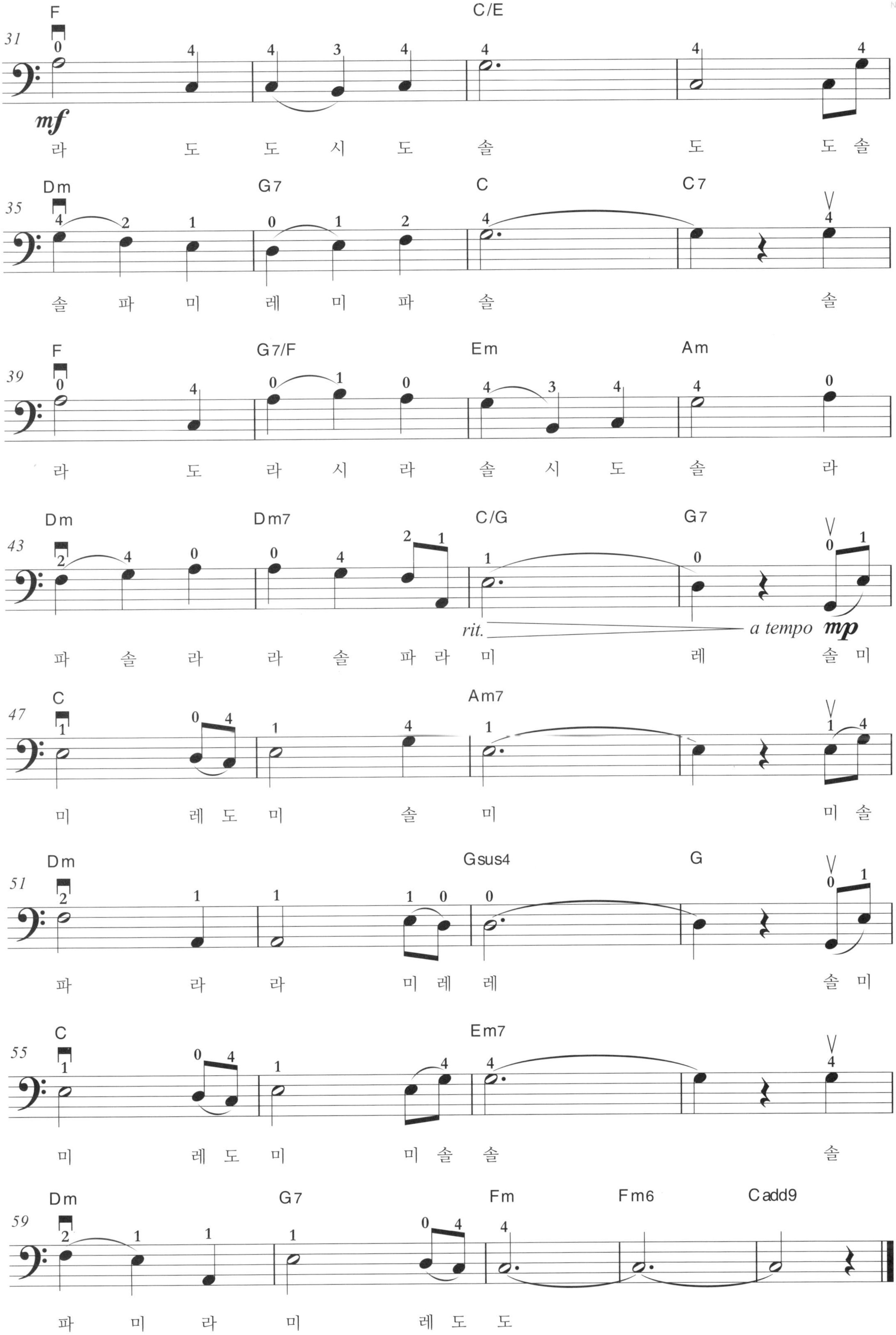
F C/E
mf
라 도 도 시 도 솔 도 도 솔
Dm G7 C C7
솔 파 미 레 미 파 솔 솔
F G7/F Em Am
라 도 라 시 라 솔 시 도 솔 라
Dm Dm7 C/G G7
rit. a tempo mp
파 솔 라 라 솔 파 라 미 레 솔 미
C Am7
미 레 도 미 솔 미 미 솔
Dm Gsus4 G
파 라 라 미 레 레 솔 미
C Em7
미 레 도 미 미 솔 솔 솔
Dm G7 Fm Fm6 Cadd9
파 미 라 미 레 도 도

인생의 회전목마

HISAISHI JOE 작곡

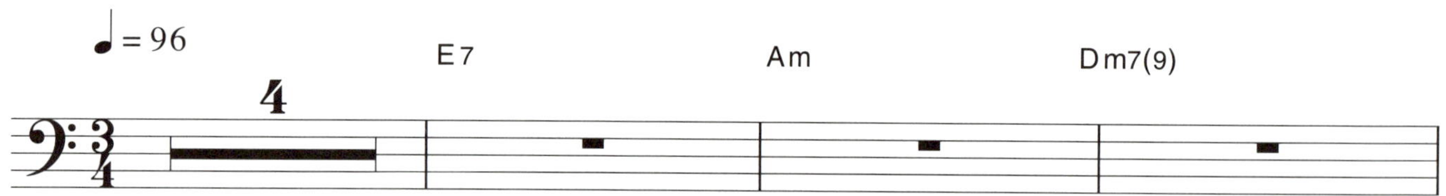

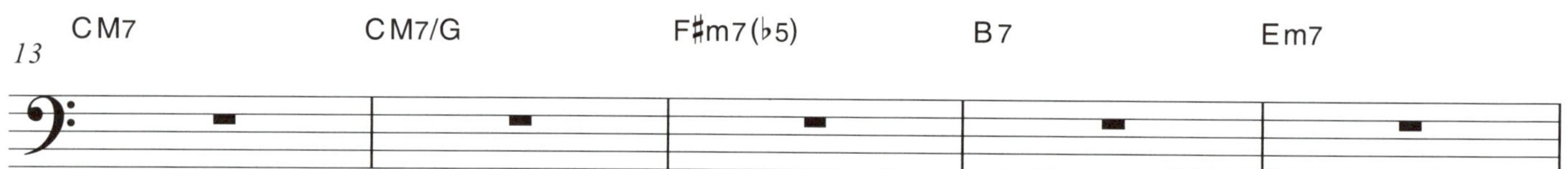

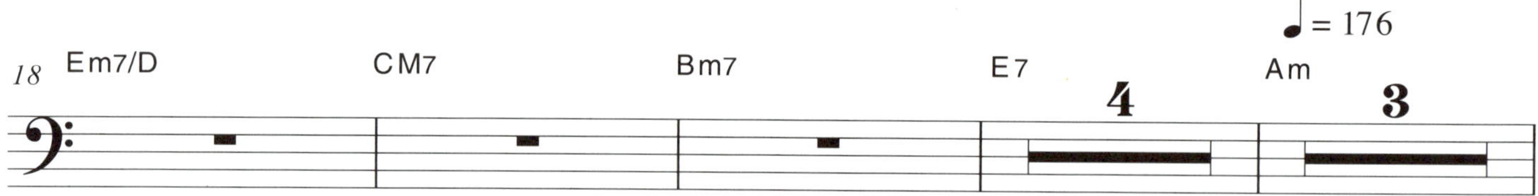

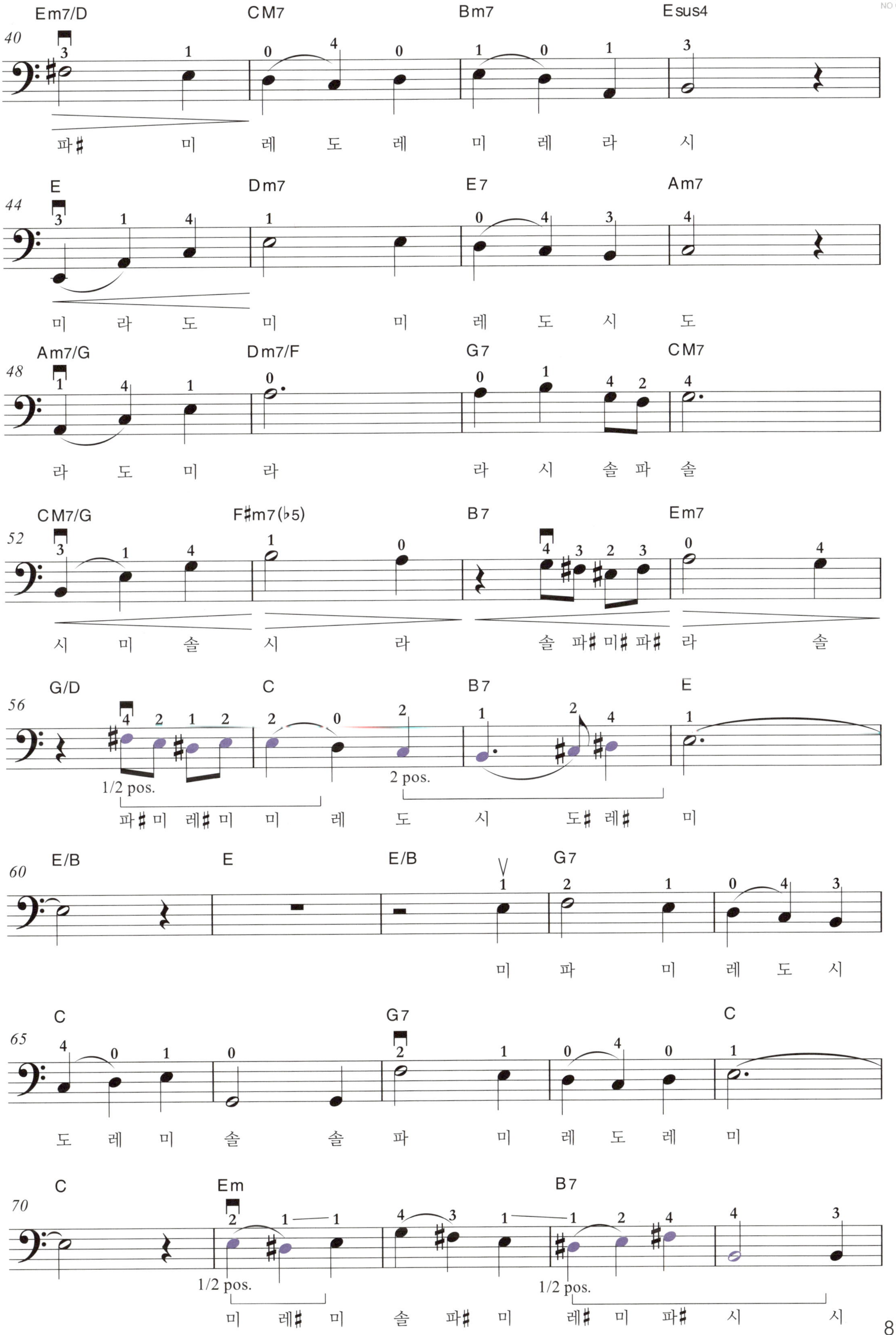
Em7/D CM7 Bm7 Esus4
파♯ 미 레 도 레 미 레 라 시
E Dm7 E7 Am7
미 라 도 미 미 레 도 시 도
Am7/G Dm7/F G7 CM7
라 도 미 라 라 시 솔 파 솔
CM7/G F♯m7(♭5) B7 Em7
시 미 솔 시 라 솔 파♯ 미♯ 파♯ 라 솔
G/D C B7 E
1/2 pos.
2 pos.
파♯ 미 레♯ 미 미 레 도 시 도♯ 레♯ 미
E/B E E/B G7
미 파 미 레 도 시
C G7 C
도 레 미 솔 솔 파 미 레 도 레 미
C Em B7
1/2 pos.
1/2 pos.
미 레♯ 미 솔 파♯ 미 레♯ 미 파♯ 시 시

75 Em B7
솔 솔 솔 파# 미 파#
79 E7 Am7
솔# 솔# 솔# 라 시 도
83 D7 G C#7
파# 파# 파# 솔 라 시 파# 미# 파#
88 F#7 B7 Dm7
라 솔 파# 미 레# 미 파# 레 도
1/2 pos.
93 Dm7 E7 Am/E Dm7
시 라 솔# 미 라 도 미 미
rit. a tempo
98 E7 Am7 Dm7 G7
레 도 시 도 라 도 미 라 라 시 솔 파
103 CM7 CM7/G F#m7(♭5) B7 Em7
솔 시 미 솔 시 라 솔 파#미#파# 라 솔
108 GM7/D CM7 B7 E
파#미 레#미 미 레 도 시 도# 레# 미
1/2 pos. 2 pos.

90

저자 신여훈

성신여자대학교 음악대학 기악과 및 동대학원(첼로 전공) 졸업
성신여자대학교 교육대학원(음악교육) 졸업
現 한양초, 충암초, 하나고 출강
　　첼로마을 레슨 스튜디오 원장
저서 「처음 만나는 첼로 동요곡집」
　　「OST 첼로 연주곡집 : 영화음악편」

피아노 반주 편곡 **목진**
이화여자대학교 작곡과 졸업
MI COLLEGE OF LOS ANGELES, KEYBOARD
現 프랜즈 음악학원 원장

혼자서도 연주하기 쉬운

스튜디오 지브리

첼로 연주곡집

발행일 2024년 7월 29일
편저 신여훈

편집진행 황세빈 · **디자인** 김은경 · **사보** 전수아
마케팅 현석호 · **관리** 남영애, 김명희

발행처 (주)태림스코어
발행인 정상우
출판등록 2012년 6월 7일 제 313-2012-196호
주소 서울시 은평구 증산로 9길 32 (03496)
전화 02)333-3705 · **팩스** 02)333-3748

ISBN 979-11-5780-297-5-13670

스튜디오 지브리

첼로 연주곡집

ISBN 979-11-5780-297-5-13670
값 12,000원